Biographie - Roxane Grioche-Baum

Née à Paris en 1975, Roxane sort diplômée de l'école du Louvre avec une spécialisation en Art Océanien. Elle retourne ensuite à Roubaix dans sa région d'adoption : le Nord de la France, où elle aura vécu toute son enfance.

Elle poursuit ses études à l'ESJ (Ecole Supérieure de Journalisme de Lille) tout en collaborant à France 3. Après avoir présenté la météo et les news, elle est appelée à se rapprocher, cinq ans plus tard, de l'équipe de la chaîne « info continue » de Canal +, Itélé, pour se spécialiser par la suite dans le journalisme politique à Public Sénat.

En 2005, le Festival International d'actualité, documentaire de Societé (FIGRA), fait appel à elle pour contribuer à l'organisation du festival. Basée au Touquet, Roxane va ainsi collaborer au FIGRA pendant une durée de 10 ans.

Elle prend alors la direction de Bruxelles en tant que correspondante pour la Chaîne Public Sénat, avec l'objectif d'ouvrir les news aux affaires Européennes.

Pendant ces deux années et grâce à quelques documentaires diffusés sur Euronews, Roxane va se spécialiser sur les questions de développement durable et approfondir son expertise.

En 2007, elle crée à Roubaix un média d'information 100% en ligne « Agir pour la planète » exclusivement dédié aux enjeux liés à notre façon de vivre en accord avec la planète, mettant en évidence tous les bons gestes à adopter en relation avec la santé, la pollution, la biodiversité, l'énergie ou encore les ressources naturelles.

Spécialiste des questions liées à l'accès à l'eau et l'accès à l'éducation,

Roxane est invitée à devenir la modératrice de nombreux évènements, conférences ou remises de prix consacrés à ces thématiques.

En 2012, Sa société de production, Saska Production, voit le jour, lui offrant désormais la possibilité de produire nombre de documentaires. Environnement et développement, citoyenneté, impact sociétal du changement climatique ou encore adaptation au changement climatique seront ses principales thématiques.

En 2015, le World Forum for a Responsible Economy la choisit comme rédactrice en chef, et Roxane contribuera pendant six ans à cet évènement international.

En 2019, une nouvelle page de sa carrière s'ouvre aux Etats Unis : elle crée une nouvelle société de production, Piste Verte, basée à Miami.

En octobre 2021, Roxane a publié son premier livre, « La Planète Promise ».

Avec humour, elle partage ses 20 ans d'expérience passés au chevet de la planète, à interroger les leaders et les acteurs d'un monde durable. Elle aborde également les interrogations provoquées par la situation du COVID et livre les réflexions que lui inspire cette période de basculement total.

Depuis deux ans, « La Planète Promise » connaît un véritable succès. En 2022, une version anglaise a été publiée, et Roxane a eu l'occasion de présenter le livre en Europe et aux États-Unis.

« La Planète Compromise » est la suite de cet ouvrage et reste dans le même esprit : la responsabilité de chacun ne s'achète pas, et il nous faut passer du matériel à l'immatériel. Mais comment ?

La raison d'être de Roxane ? Contribuer à résoudre les crises sociales et environnementales et inspirer les autres.

Aujourd'hui, elle intervient avec le soutien de sa fondation, « Act for your planet », qui poursuit également sa mission en tant que média d'information en ligne.

« *Il faut rendre l'avenir à ceux à qui il appartient* »

À Arthur, Tucker et Victoria, trois passions éblouissantes au quotidien.
À Jeff, notre amour enchanteur aura raison de ne jamais s'arrêter...

La planète compromise

Roxane GRIOCHE-BAUM

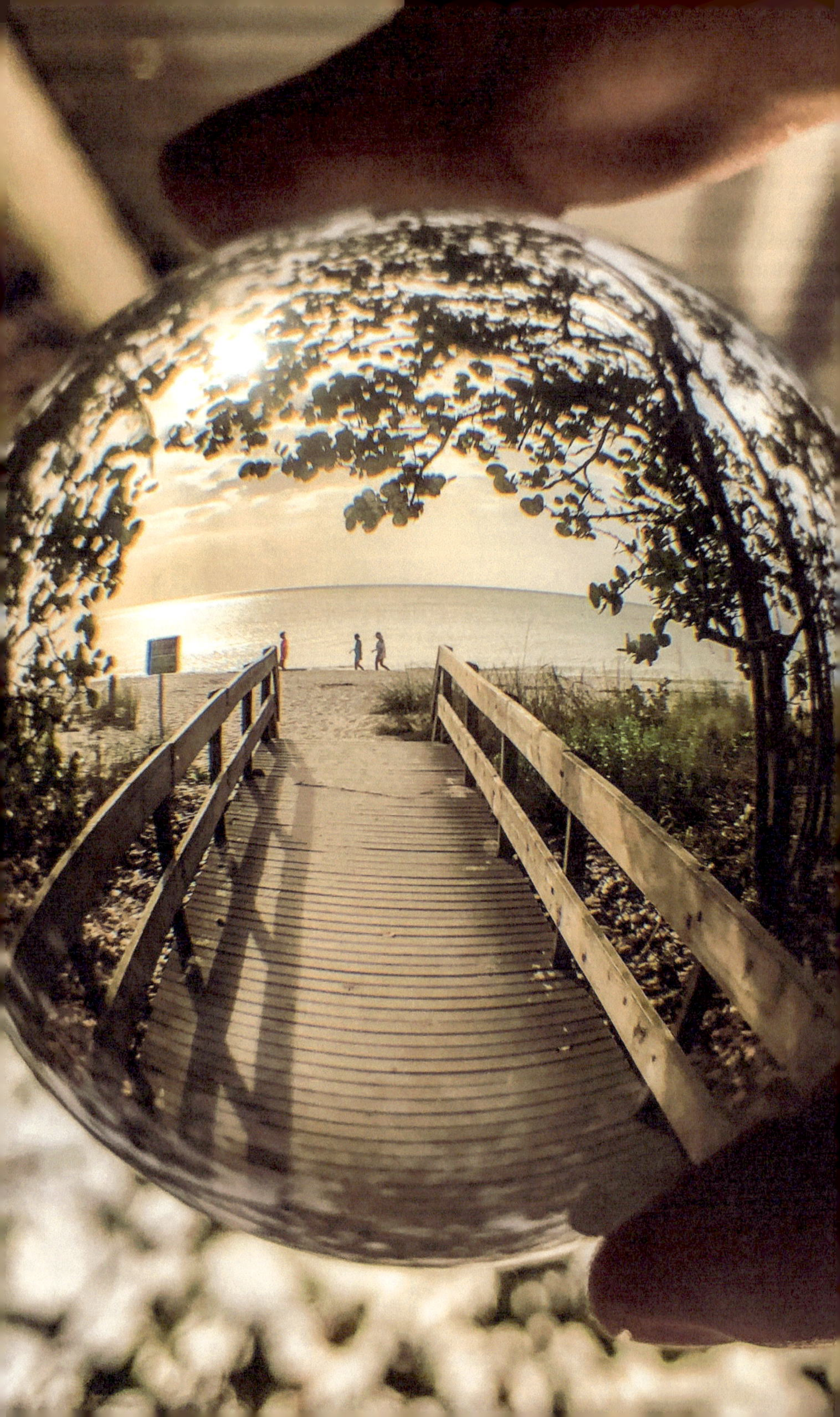

INTRODUCTION

Dépasser
ses fausses promesses
et fausses excuses

Je ne suis pas là pour attribuer les bons et les mauvais points et personne ne va mettre un pistolet sur la tempe des gouvernements pour leur dire que faire. Je ne suis pas de celles et ceux qui attendent des solutions clé en mains ou des hommes providentiels.

Les enjeux auxquels nous sommes confrontés sont complexes et rien ne se réglera en un claquement de doigts.

Changer de vie n'est pas censé être facile ! Si c'était le cas, nous aurions déjà tout ce que nous désirons. Il faut du courage pour ignorer ses peurs, dépasser nos excuses, se réveiller chaque matin et se présenter sous son meilleur jour et ce, chaque jour. Enfin, pour moi, le changement est amorcé !

Et pour vous ?

S'habituer au moins est sans doute la solution, car chacun possède ses propres raisons de ne pas changer ! Près des millions de lignes et des lignes de données, de chiffres économiques, biologiques, santé, sociaux, etc. de documentation précise, réalisés par des experts confirmés par d'autres milliers d'experts du monde entier ; on s'est adapté, mais nous n'avons pas changé radicalement la course au réchauffement climatique.

Oui, il existe des maisons à énergie zéro, des vélos électriques, des panneaux solaires… Voilà la démonstration même que le changement et notre adaptation sont possibles.

Le changement climatique est aujourd'hui tellement documenté qu'il faut être aveugle pour ne pas regarder la réalité en face.

NO TIME FOR FAKE PEOPLE

Traduction : « pas le temps pour les hypocrites »

Depuis La Planète Promise

J'en étais restée — souvenez-vous — au droit à la vie et à « bien faire en faisant le bien » (« doing well by doing good »).

Où en sommes-nous aujourd'hui ?

Les deux dernières années ont eu un impact dévastateur pour des milliards de personnes dans le monde : l'année 2023 est en passe de devenir l'année la plus chaude jamais enregistrée, les émissions de gaz à effet de serre continuent d'augmenter et atteignent des niveaux record, nous avons connu des conditions météorologiques extrêmes sur l'ensemble de la planète, des vagues de chaleur terrestres et océaniques, des incendies de forêt dévastateurs, des sécheresses ainsi que des inondations. Record battu pour septembre 2023, presque tous les jours du mois ont dépassé les normales de températures dans le monde entier.

Le chaos climatique, que les scientifiques nous annonçaient depuis des années, est bel et bien là.

 Alors à quoi s'attendre ?
« Mais nous pouvons y remédier...
- Non, trop tard ! »

Car si le monde cherche par tous les moyens à répondre à ces crises consécutives, nous avons vu que le coût de la vie et celui des crises énergétiques ont explosé. La tentation d'apporter des solutions rapides — comme des subventions aux combustibles fossiles -, ne représente qu'une solution immédiate, des tactiques politiques qui ne font que retarder les changements profonds à long terme que nous devons apporter, et dont nous avons réellement besoin.

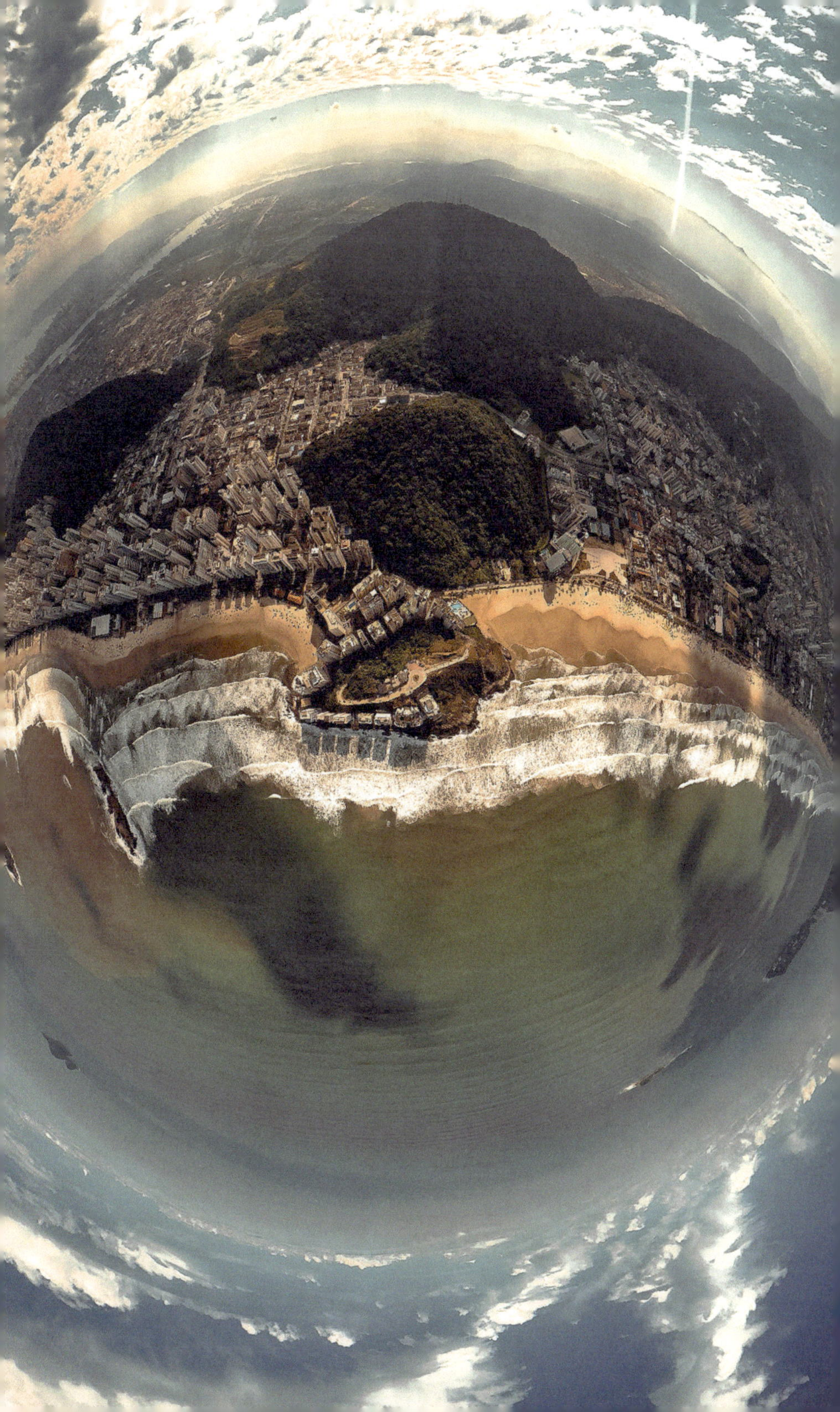

« Nous devenons les esclaves de nos possessions et de nos comportements »

- Roxane Grioche-Baum

Le moral de la population mondiale est au plus bas, les cours de la bourse, l'indice de développement humain également. J'ouvre les « réseaux sociaux » et je vois tout le monde s'interroger sur le climat, l'inflation, autant que sur la politique ou le botox !

Ce qui est encore plus vrai, c'est qu'avec la pandémie, les pays occidentaux — et ils ne sont pas les seuls – se sont aperçus qu'en délocalisant à outrance leurs activités industrielles, notamment en Chine ou en Inde, ils se sont mis en situation de dépendance grave pour de nombreux médicaments de première nécessité, ou même pour des objets plutôt ordinaires, comme les fameux masques chirurgicaux. Et dans ce cas, aucun compromis n'est envisagé au temps de la mondialisation dite néolibérale !

Sauf qu'avec la Covid-19, l'égoïsme des nations est réapparu au grand jour, et il a fallu repenser le problème général des chaînes d'approvisionnement. Cette question a encore changé de dimension avec la guerre en Ukraine. L'équilibre entre respect, paix, sécurité, démocratie et approvisionnement mondial est soudain ébranlé. En bref : quels compromis devons-nous trouver pour qu'un nouvel ordre international durable puisse émerger du désordre actuel ?

Mon envie de motiver chacun à faire différemment en a pris un petit coup, je l'avoue, mais pas la réflexion en elle-même. C'est le moment de trouver du sens, ensemble, dans tout cela.

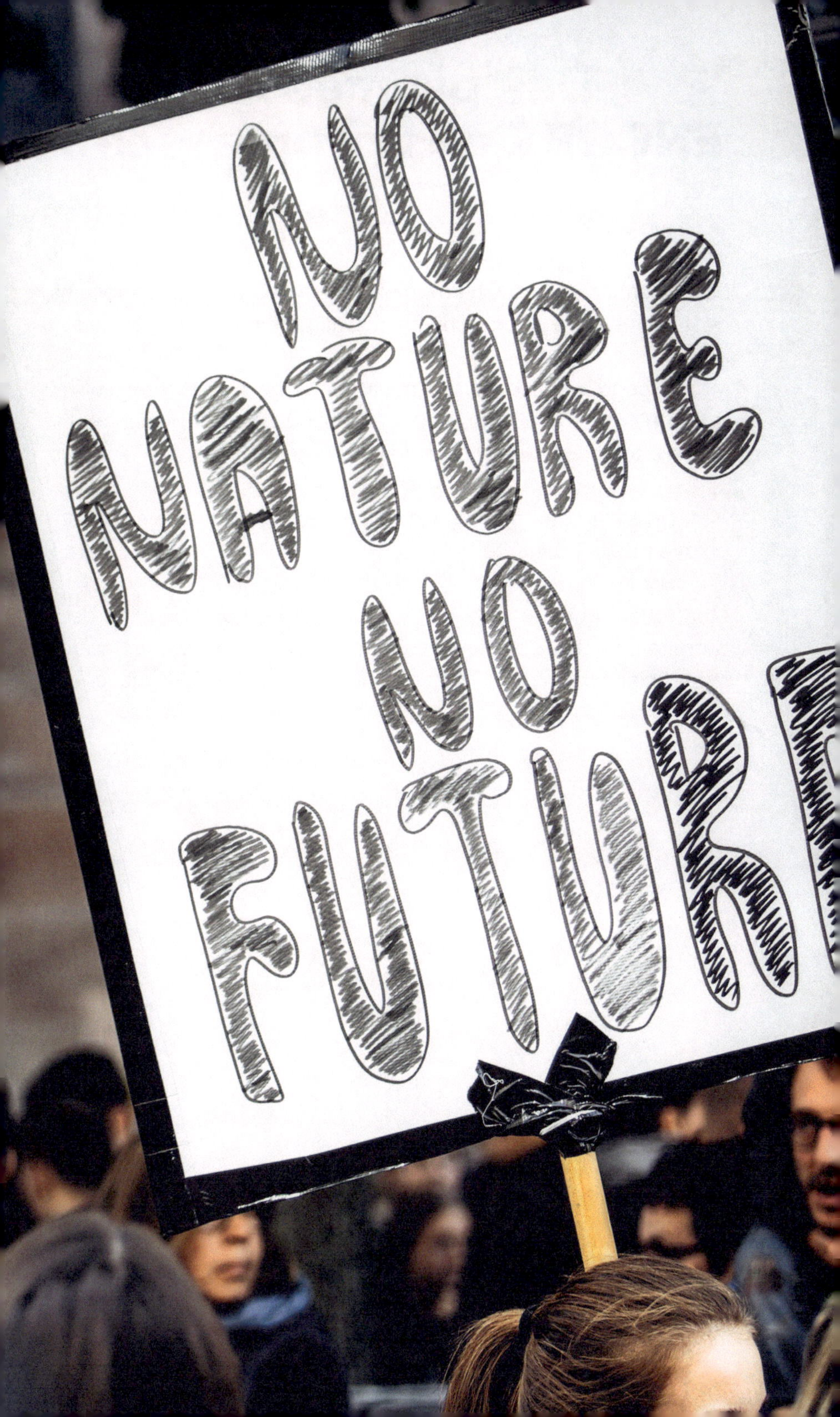
NO
NATURE
NO

Des promesses, ENCORE des promesses ?

Je ferme les yeux et je fais trois vœux.

Mon premier : utiliser harmonieusement les ressources locales, c'est-à-dire les ressources humaines, alimentaires et matérielles.

Mon second : que la nature nous apprenne à régénérer au lieu de simplement préserver, pour que chaque déchet devienne une matière première, une source de revenus et de création d'emplois.

Mon troisième : un monde sans batteries, sans plastiques et sans chimie fossile polluante.

Mon tout : je peux alors rêver de sauver le monde au lieu de le détruire. Il faut que nous cessions d'avoir un simple rapport superficiel au monde, où rien ne nous semble vraiment grave.

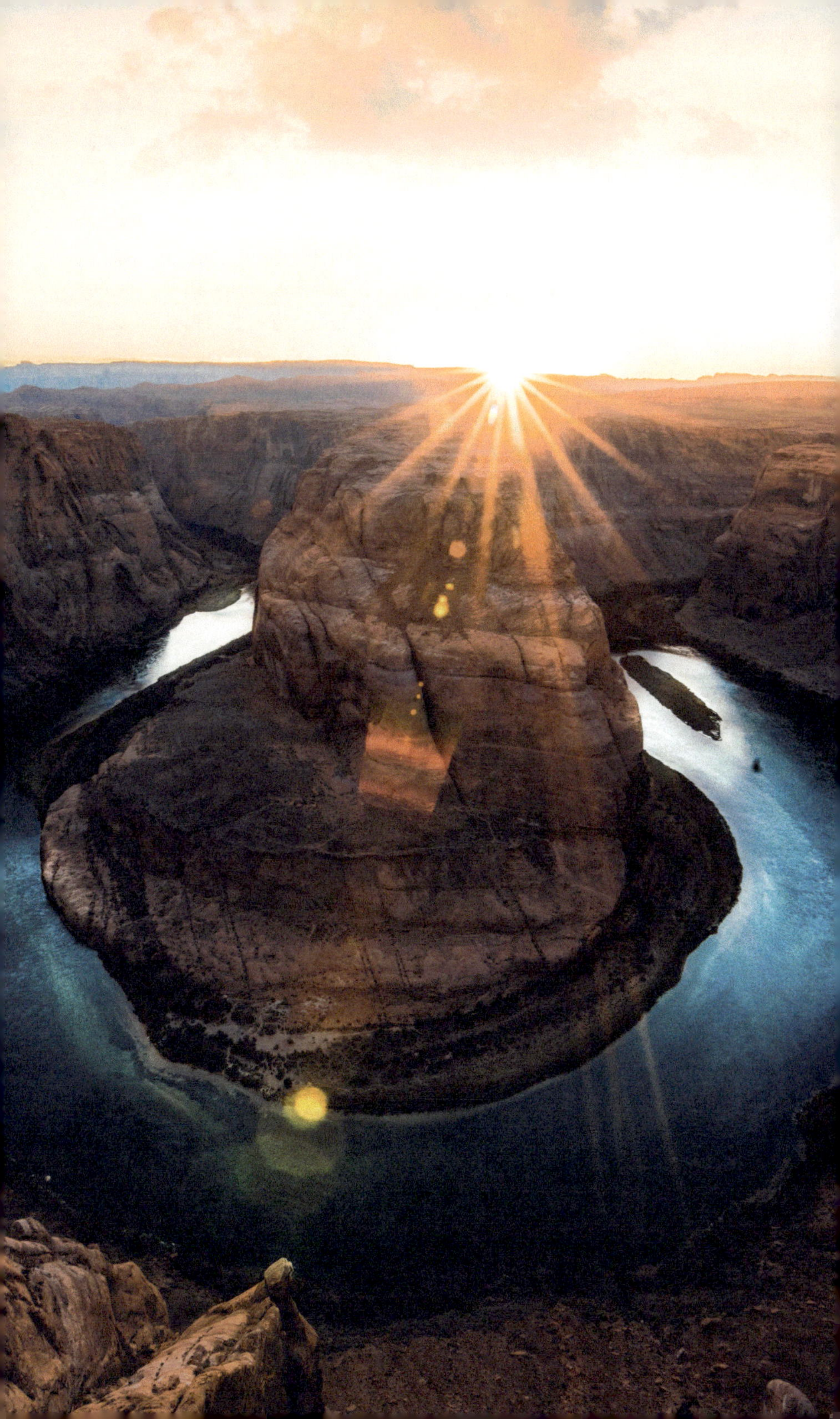

Comment passer de la théorie à la pratique ?

Quand vous vous levez le matin, regardez déjà tout ce qu'il faut éliminer dans votre salle de bain : le shampooing en bouteille, le tube de crème, la brosse à dents... Et le reste est à l'avenant !

Barquette de fraises, liquide vaisselle, pots de yaourt, etc. Toute notre chaîne de production et de consommation repose sur le plastique jetable. C'est une véritable révolution culturelle que nous devons mener !

Seulement voilà, si on élimine ce plastique maintenant, la chaîne alimentaire devient risquée sur le plan sanitaire. Nous n'avons aucune alternative clé en main à grande échelle, et les problèmes avancent au galop.

Aujourd'hui, un tiers des personnes dans le monde se sent stressé et moins d'un tiers de personnes ne fait plus confiance à autrui. Voici des obstacles majeurs : le stress et la confiance. Ils freinent tout simplement l'adoption de politiques en faveur des citoyens et de la planète.

La question est : comment nous aider et lever enfin ces freins ?

Pas de réponse miracle : pour moi la vraie question est « qui ? » Il nous faut un « qui », et je ne pointe personne du doigt, je pose le problème et tente de croire en l'homme et en sa cohérence.

Ce « qui » n'est pas fautif, c'est la solution : il est déterminant, vital.
Est-il politique ?
Est-il économique, via les entreprises privées ?
Est-il nous-mêmes, chacun d'entre nous ?

Nous, fermier du Burkina Faso, danseuse en Argentine, comptable en Corée du Sud, informaticienne en Inde, éleveur en Arkansas au Canada, pêcheur au Japon, boulangère en France, professeur en Malaisie... Face à l'adversité, nous avons besoin d'un sens commun, un bon sens renouvelé, une solidarité internationale pour relever nos défis interconnectés !

Pris dans un tourbillon, nous ne parvenons plus à être vraiment touchés par les problèmes majeurs, sérieux, qui se présentent à nous, et donc à nous engager.

C'est notre capacité même à être citoyen qui est remise en cause. Un vrai péril pour notre démocratie !

À notre image, les politiciens sont incapables de bâtir des politiques de long terme. Pourtant, s'engager pour l'avenir de notre planète est de la responsabilité de tous !

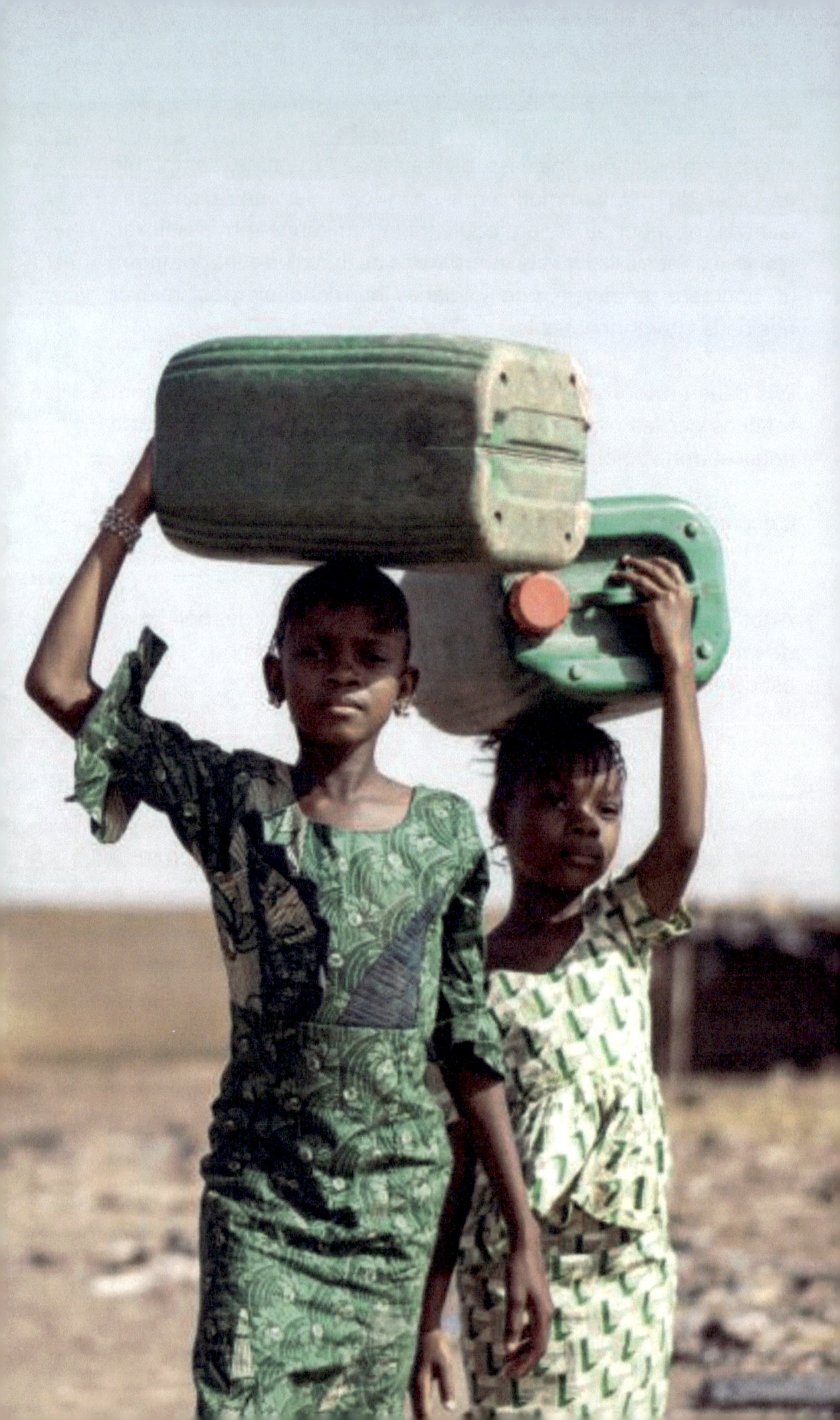

> « Sans reconnaissance de la cible à atteindre,
> sans avoir en tête un cap à suivre,
> nous risquons lourdement de devoir supporter davantage de privations et d'injustices. »
>
> - Roxane Grioche-Baum
> © Fondation Act for your planet

Il est primordial d'agir à la source des inégalités pour que chacun puisse vivre décemment et s'épanouir de manière autonome.

La Fondation Act for your Planet© soutient financièrement les programmes de plusieurs ONG en France et à travers le monde, et développe les soutiens locaux nécessaires. Sa raison d'être : rendre le monde moins clivant, moins polluant, moins destructeur, plus inclusif, équitable, durable et juste que celui dans lequel nous vivions à l'ère pré-COVID.

Ne pas agir — ou trop peu – revient à avancer aveuglément vers toujours plus d'inégalités sociales, de déséquilibres économiques, d'injustices et de dégradation de l'environnement. Ne pas agir, c'est laisser notre monde devenir plus sombre, divisé, dangereux, égoïste et tout simplement insupportable pour une grande partie de la population à travers le globe.

Ne rien faire n'est pas une option viable.

« Nier la réalité est la meilleure façon de laisser advenir le pire »

Je ne sais pas vous, mais j'avoue que quand j'essaie une robe en magasin, je demande toujours la taille en dessous. Bon, c'est parce que je reste optimiste : « Si, si, ce petit 36, c'est tout à fait moi... » Pourtant, je lis dans les yeux de la vendeuse que d'essayer le 38 tout de suite nous éviterait de malmener une pauvre fermeture Éclair, qui n'a strictement rien demandé !

Cette vision de la fermeture Éclair qui explose, c'est en fait la meilleure image possible de notre situation : je m'obstine à prendre une taille en dessous, mais je reste gourmande dans mes assiettes et au final... ça explose !

J'ai le sentiment que la situation que nous vivons est similaire : nous sommes en plein déni. Comme un déni de grossesse ! Or, pour traverser l'incertitude, on nous rassure à grands coups de croissance, en évitant de parler de la santé ou du niveau de pauvreté.

Tout cela signifie que nous sommes plutôt sur une tendance conduisant à une augmentation de 4 degrés d'ici à quelques décennies !

+ 4°C, ce qui implique qu'au moins la moitié de la planète deviendrait alors invivable, alors que celle-ci se trouvera plus peuplée que jamais. Et pas seulement la moitié de l'Inde, de la Chine et de l'Afrique, mais aussi la moitié des États-Unis et de l'Europe. En bref, partout. Tout le monde est concerné, sans exception aucune.

À force de déni, nous avons raté l'occasion de remédier efficacement au problème. Si je reprends l'image de ma petite robe taille 36 : imaginez-vous avec 4 kg de plus. Non, effectivement, ça ne rentre plus. On a été trop gourmand et maintenant, il faut que ça s'arrête, l'heure est au rééquilibrage alimentaire, au raisonnable. Or, trop de gens préfèrent une explication du monde n'exigeant pas de faire des efforts, ou présentant ceux-ci comme inutiles.

Allez juste un petit régime dans son assiette, dans ses placards, dans son garage et ses voyages... Cela ferait du bien à tout le monde, surtout ceux qui ont moins de 1$ par jour pour vivre. Il nous faut faire des compromis, s'habituer à moins, et réaliser qu'on peut avoir un impact sur son avenir et sur son prochain.

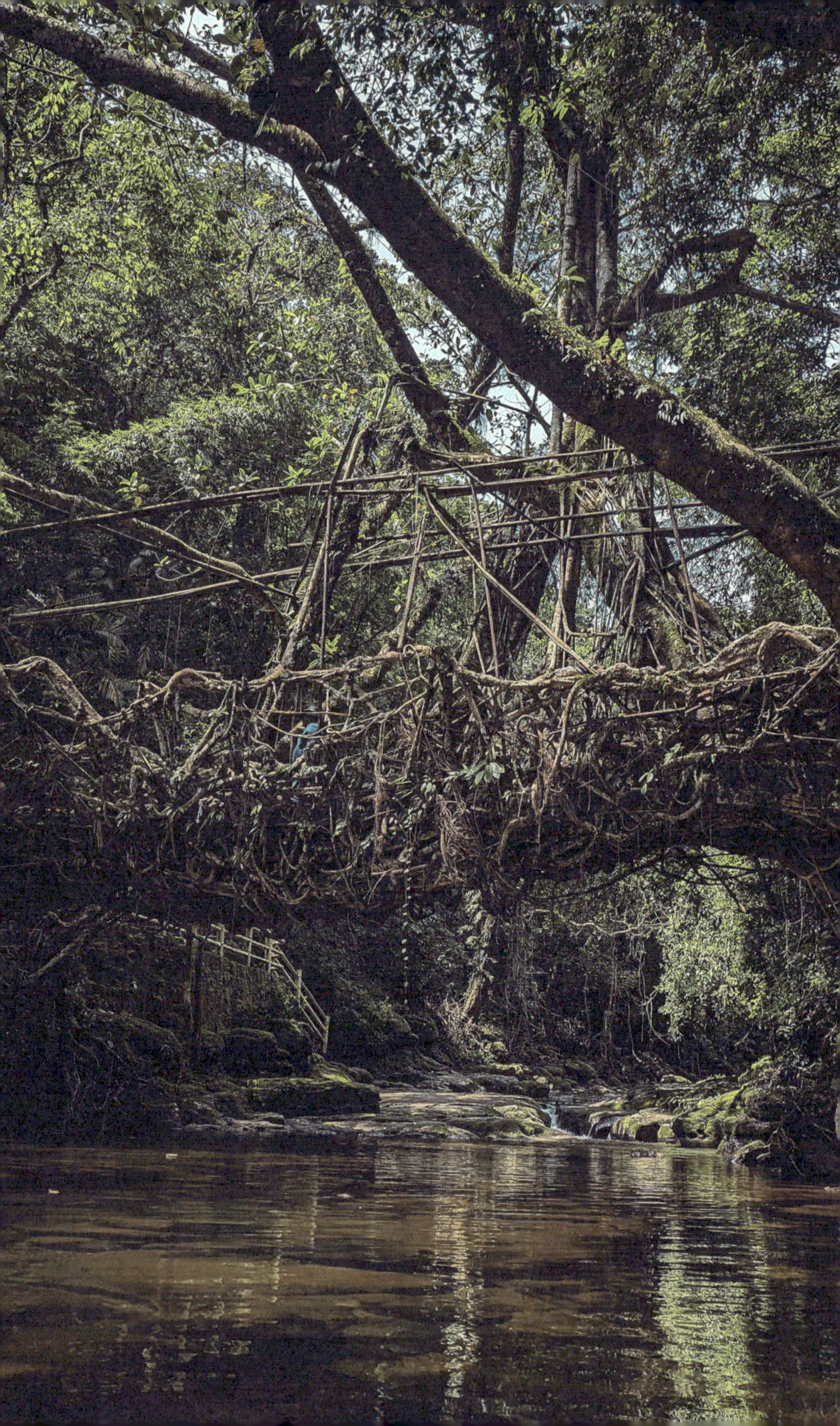

I. L'ART DU COMPROMIS

II. LE BONHEUR OU L'ARGENT

III. NE PLUS SE SENTIR SEUL

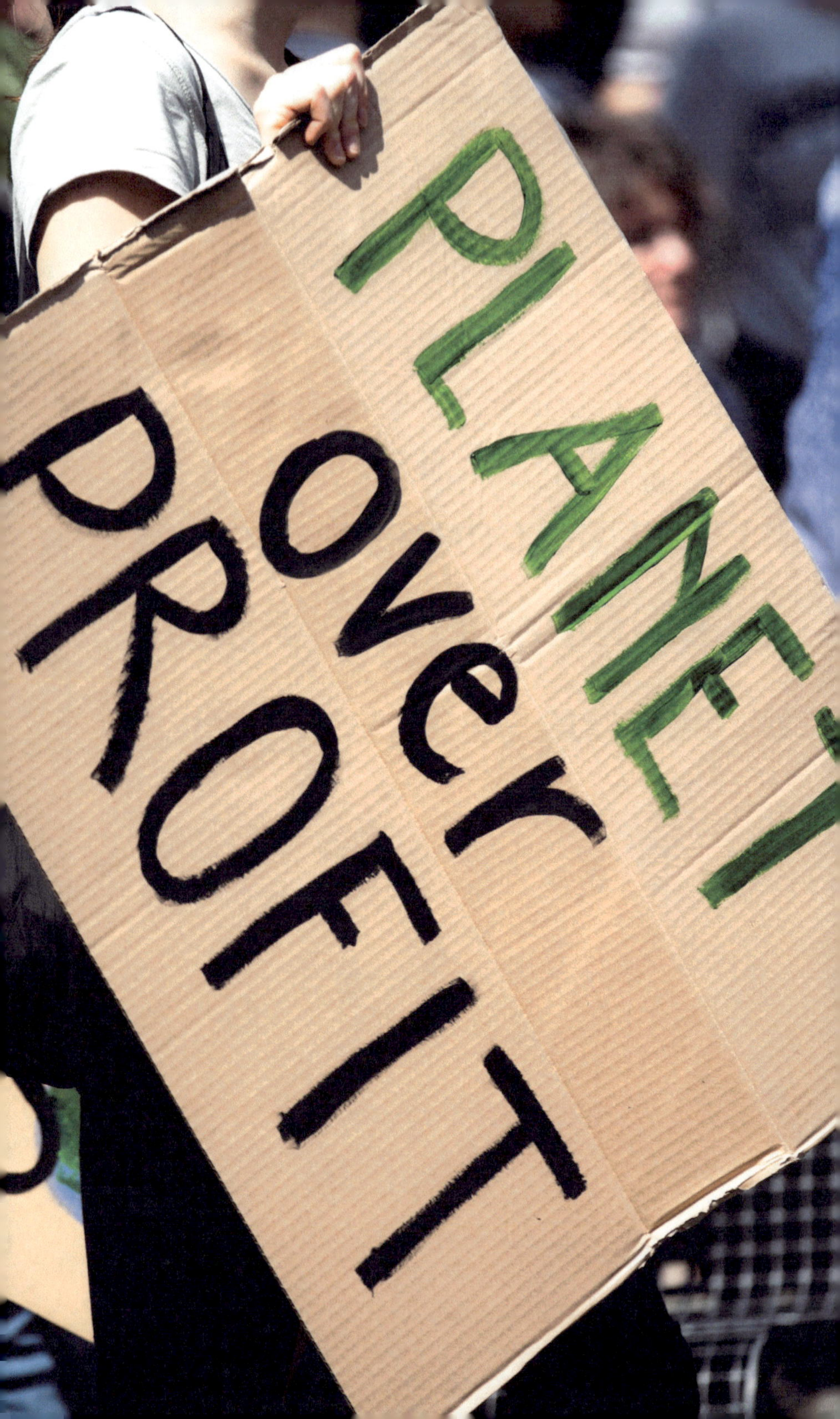
PLANET
over
PROFIT

L'ART
DU
COMPROMIS

Le compromis : définition

« Arrangement dans lequel on se fait
des concessions mutuelles. »

Compromis, nom masculin, latin compromissum :
1- Action qui implique des concessions réciproques, transaction ; La vie en société nécessite des compromis.
2- Moyen terme : état intermédiaire , transition ; cette attitude est un compromis entre le classicisme et le modernisme.
3 - Convention par laquelle les parties à un litige soumettent l'objet de celui-ci à un arbitrage.

Synonymes : accommodement, arrangement, composition, conciliation, transaction.

En droit : convention par laquelle on recourt à l'arbitrage d'un tiers. Signer un compromis.

Aujourd'hui, dès que nous parlons de notre avenir, il semble que les compromis soient d'actualité. Seulement voilà, accommodement ou arrangement ne veut en aucun cas dire sacrifices !

En faisant de la Terre un élément central du débat, en ramenant la planète comme partie-prenante des décisions au quotidien... Et si on changeait de point de vue ? Si on faisait ce qui nous arrange ? Si on passait un arrangement avec la planète, quel serait-il ? Serait-il basé sur des concessions mutuelles ? Car l'humain est dans l'arrangement, pas dans la contrainte, et nous possédons toutes les capacités permettant de répondre au mieux à la situation donnée.

Compromettre

C'est quoi, « compromettre » ? C'est exposer quelque chose à un danger, à une atteinte, à un risque, diminuer les possibilités de réussite de quelque chose ou de quelqu'un : compromettre sa fortune, son avenir.

Mettre dans une situation qui peut devenir critique, exposer à un danger.

1. [L'obj. est un inanimé désignant une valeur] Mettre en danger, exposer à un dommage, à un préjudice.

Compromettre son avancement, le succès d'une affaire :
SYNT. Compromettre l'avenir, les chances, la défense, l'équilibre, l'existence, les intérêts, l'unité (de qqc.), la sûreté ou l'honneur de l'État; craindre, risquer de compromettre.

Dans chaque situation, il faut trouver un compromis entre la facilité de transmission de savoirs abstraits et la difficulté de les utiliser.

Engager quelqu'un dans une action, une entreprise qui lui porte un grave préjudice sur le plan social

Qu'est-ce qu'une situation compromise ?

La situation irrémédiablement compromise apparaît quand l'entreprise est, de manière irréversible, dans l'impossibilité de poursuivre son exploitation.

[En parlant d'une pers., spéc. d'une femme] Dont la réputation, l'honneur ont subi un tort irréparable.

COMPROMIS : Part. passé de compromettre, « Qui a subi une atteinte, un dommage plus ou moins durable. »

« Avoir des capacités, c'est bien. Croire en elles, c'est mieux ! »

Notre capacité à entreprendre un changement dépend largement de notre conviction à en avoir la capacité. Vous voyez la nuance : « Pourquoi certains s'en sortent mieux ? » ou « que font-ils mieux ? »

Comprendre est une chose, mais c'est bien souvent insuffisant pour opérer un véritable changement. Concrètement, quel changement opérer ? Il nous faut clairement améliorer les échanges, car il n'y a pas d'évolution sans communication !

« Améliorer les échanges » avec les autres, c'est renforcer et (re)mettre de la qualité dans les échanges pour les rendre plus efficaces. « Apprendre de ses erreurs », c'est donc la capacité à dire, au contact des circonstances, ce qui est grave et ce qui ne l'est pas, ce qui mérite de l'entêtement ou au contraire du lâcher-prise, ce qui doit être ralenti ou plutôt accéléré.

« Un humain sur dix boit de l'eau si sale qu'on ne laverait même pas nos voitures avec. »

- Roxane Grioche-Baum

Arrêtons de fantasmer

Je suis née en 1975 : nous étions 4 milliards sur la planète. Aujourd'hui, presque 50 ans plus tard, nous sommes le double, mais la planète reste la même.

Dès l'époque de Platon et d'Aristote, on avait déjà conscience de la pauvreté et de la misère que provoque une montée trop rapide de la population. Dans une autre époque, on parle de « théorie malthusienne », par M. Thomas Robert Malthus, membre de la société royale de Londres, né en 1766. Il publie son livre « Essai sur le principe de population » (titre original An Essay on the Principle of Population) dans sa première version en 1798.

Malthus établit sans sourciller, comme un fait évident, que l'espèce humaine obéit aveuglément à la loi de multiplication indéfinie ; tandis que les subsistances qui la font vivre ne se multiplient pas avec elle dans les mêmes proportions. Il arriverait donc un moment où les provisions seraient insuffisantes pour les humains si les maladies, la misère et la mort n'intervenaient pas régulièrement pour rétablir l'équilibre. La différence dans la progression de la population et des subsistances y est présentée comme fatale, continuelle et nécessaire.

De son côté, Williams Nordhaus, professeur de science économique à l'Université Yale et titulaire du prix Nobel d'économie en 2018, nous ouvre les portes de son « casino climatique » : risques, incertitudes et solutions économiques face à un monde en réchauffement. On y apprend que nous avons lancé les dés du réchauffement, que William Nordhaus analyse depuis quarante ans, c'est-à-dire depuis la première conférence scientifique consacrée au climat, tenue à Genève en 1979.

Pour l'expert, il convient de bien prendre en compte les sources des émissions du CO_2, non pas seulement en termes de quantité d'émissions, mais d'émissions par 1000 $ de combustible :
- le pétrole émet 0,9 tonne de CO_2 par 1000 $ de combustible,
- le gaz naturel, 2 tonnes par 1000 $ de combustible,
- le charbon émet 11 tonnes de CO_2 par 1000 $ de combustible.

Le charbon est peu cher, on le savait, mais il émet beaucoup plus de CO_2 par dollar de dépense. C'est sur lui que doivent porter les efforts de réduction les plus drastiques, mais on en est aujourd'hui encore bien loin.

« Grands pouvoirs,
Grandes responsabilités »

Tickets
Train tickets buy & collect
Train tickets buy & collect

Culpabilité et responsabilité

Environ 85% des 15-30 ans se sentent concernés par le changement climatique, un pourcentage plus élevé que chez les adultes. Ces jeunes plus réceptifs subissent une sorte d'injustice et ressentent des émotions contradictoires. Au quotidien, ils expriment un sentiment de culpabilité et de frustration généré par l'inaction climatique des dirigeants politiques.

Selon une étude de la revue The Lancet, « plus de 50% des 16-25 ans interrogés se sentiraient tristes, anxieux, en colère, impuissants et coupables face au réchauffement climatique. »

Il n'y a pas un seul et unique coupable, mais plutôt de nombreux responsables. Depuis un certain temps, un procès basé sur des indices est mené pour tenter d'établir la part de responsabilité de chacun des coupables.

On entend aujourd'hui parler des «éco-anxieux». En effet, un jeune français sur deux indique souffrir d'éco-anxiété, un stress psychologique engendré par le dérèglement climatique. Ce stress est omniprésent, mais son intensité varie selon l'actualité. Cette sensation d'éco-anxiété peut s'exprimer à travers un panel d'émotions : la colère, la tristesse, l'anxiété, l'insomnie ou la dépression.

Il apparaît clairement que l'être humain exerce une influence considérable sur le climat, et nous en portons la responsabilité. Cependant, nombre d'entre nous, surtout dans les pays pauvres, en sont aussi les victimes.

Sur cette réalité s'est greffé un discours politique de culpabilisation générale qui utilise ce renversement. C'est douloureux, car en réalité, nous voulons toujours le meilleur pour nos enfants et souhaitons laisser un monde agréable aux générations futures.

Malheureusement, cela ne semble pas possible, car leurs conditions de vie seront moins bonnes.

Mais est-ce une raison pour culpabiliser ?

Ce sentiment conduit les gens à adhérer à certaines valeurs, à un engagement intérieur. Alors, ce sentiment n'est pas uniquement négatif, car il provoque aussi une responsabilisation face aux bouleversements climatiques.

Cependant, la COP 28 vient de fermer ses portes, et je ne pouvais pas ne pas l'évoquer : à ce rythme-là, les engagements de l'accord de Paris de 2015 ne seront pas tenus. On restera sur la pente d'une augmentation cataclysmique d'au moins 4 degrés. L'humanité doit se préparer à vivre des désastres plus grands encore que ceux d'aujourd'hui.

C'est donc à nous de nous responsabiliser et d'avoir la capacité à dire, au contact des circonstances, ce qui est grave et ce qui ne l'est pas, ce qui mérite de l'entêtement ou au contraire du lâcher-prise, ce qui doit être ralenti ou plutôt accéléré, ce qui peut être transformé ou pas.

La seule chose que nous devons changer, c'est notre façon de penser et moins stresser, car rien n'est pire que d'agir en urgence, sans moyen ni réflexion.

Le vote des peuples

« G20 Peoples' Climate Vote* », une vaste enquête du G20 sur l'opinion publique à propos du changement climatique, par l'Université d'Oxford et le Programme des Nations Unies pour le développement (PNUD).

« Nécessité pour bien agir, le discernement est essentiel aux dirigeants et aux responsables. »

« *Le vote des peuples pour le climat du G20 » a eu l'occasion d'interroger plus de 689 000 personnes dans 18 des pays du G20 d'octobre 2020 à juin 2021. Cela comprend plus de 302 000 jeunes de moins de 18 ans.

Dans certains pays, c'est la première fois que la voix des jeunes – qui dans de nombreux pays auront l'âge de voter dans quelques années seulement – se fait entendre sur le changement climatique. Cela signifie que l'enquête a une valeur significative en tant que prédicteur de l'orientation de l'opinion publique sur la politique climatique. Il indique également où des efforts plus importants pour éduquer le public peuvent être nécessaires.

Quatre politiques climatiques sont ressorties comme les plus populaires parmi les 18 proposées aux répondants lors du vote populaire pour le climat. Après avoir été interrogés sur leur croyance en une urgence climatique, et quel que soit leur point de vue sur cette question, tous les répondants au vote populaire pour le climat ont été interrogés sur les 18 politiques climatiques qu'ils aimeraient que leur pays poursuive pour lutter contre le changement climatique.

Les politiques proposées représentent certaines des solutions les plus significatives et recommandées pour lutter contre le changement climatique.

Trois options ont été proposées aux répondants pour chacun des six domaines politiques : l'énergie, l'économie, les transports, l'agriculture et l'alimentation, la protection des personnes et enfin la nature.

Voici les quatre politiques climatiques les plus populaires :

- conserver les forêts et les terres (54 %)
- utiliser l'énergie solaire, éolienne et renouvelable (53 %)
- utiliser des techniques agricoles respectueuses du climat (52 %)
- investir plus d'argent dans des entreprises, mais aussi dans des emplois verts (50 %).

Tu joues tous les jours avec la lumière de l'univers
- Pablo Neruda -

Tu joues tous les jours avec la lumière de l'univers.
Subtile visiteuse, venue sur l'eau et sur la fleur.
Tu passas la blancheur de ce petit visage que je serre
Comme une grappe, entre mes mains, chaque jour.

Tu ne ressembles à personne depuis que je t'aime.
Laisse-moi t'allonger sur des guirlandes jaunes.
Qui a écrit ton nom en lettres de fumée au cœur parmi les étoiles du sud ?
Ah ! laisse-moi te rappeler comment tu étais, quand tu n'existais pas encore

Soudain le vent hurle et frappe à ma fenêtre.
Le ciel est un filet rempli de poissons sombres
Ici viennent frapper tous les vents, ici, tous.
La pluie se déshabille.

En fuyant passent les oiseaux.
Le vent. Le vent.
Seul, je ne peux que lutter contre la force humaine.
Et la tempête a fait un tas des feuilles sombres
Et détaché toutes les barques qu'hier soir amarra dans le ciel.

Mais toi tu es ici. Mais toi tu ne fuis pas.
Toi tu me répondras jusqu'à l'ultime cri.
Blottis-toi près de moi comme si tu avais peur.
Mais parfois dans tes yeux passait une ombre étrange.

Maintenant, maintenant aussi, mon petit, tu m'apportes des chèvrefeuilles,
Ils parfument jusqu'à tes seins.
Quand le vent triste court en tuant des papillons
Moi je t'aime et ma joie mord ta bouche de prune.

Qu'il t'en aura coûté de t'habituer à moi,
À mon âme seule et sauvage, à mon nom qui les fait tous fuir.
Tant de fois, nous baisant les yeux, nous avons vu brûler l'étoile
Et se détordre sur nos têtes les éventails tournants des crépuscules.

Mes mots pleuvaient sur toi ainsi que des caresses.
Depuis longtemps j'aimais ton corps de nacre et de soleil.
L'univers est à toi, voilà ce que je crois.
Je t'apporterai des montagnes la joie en fleur, des copihués,
Avec des noisettes noires, des paniers de baisers sylvestres.

Je veux faire de toi
Ce que fait le printemps avec les cerisiers.

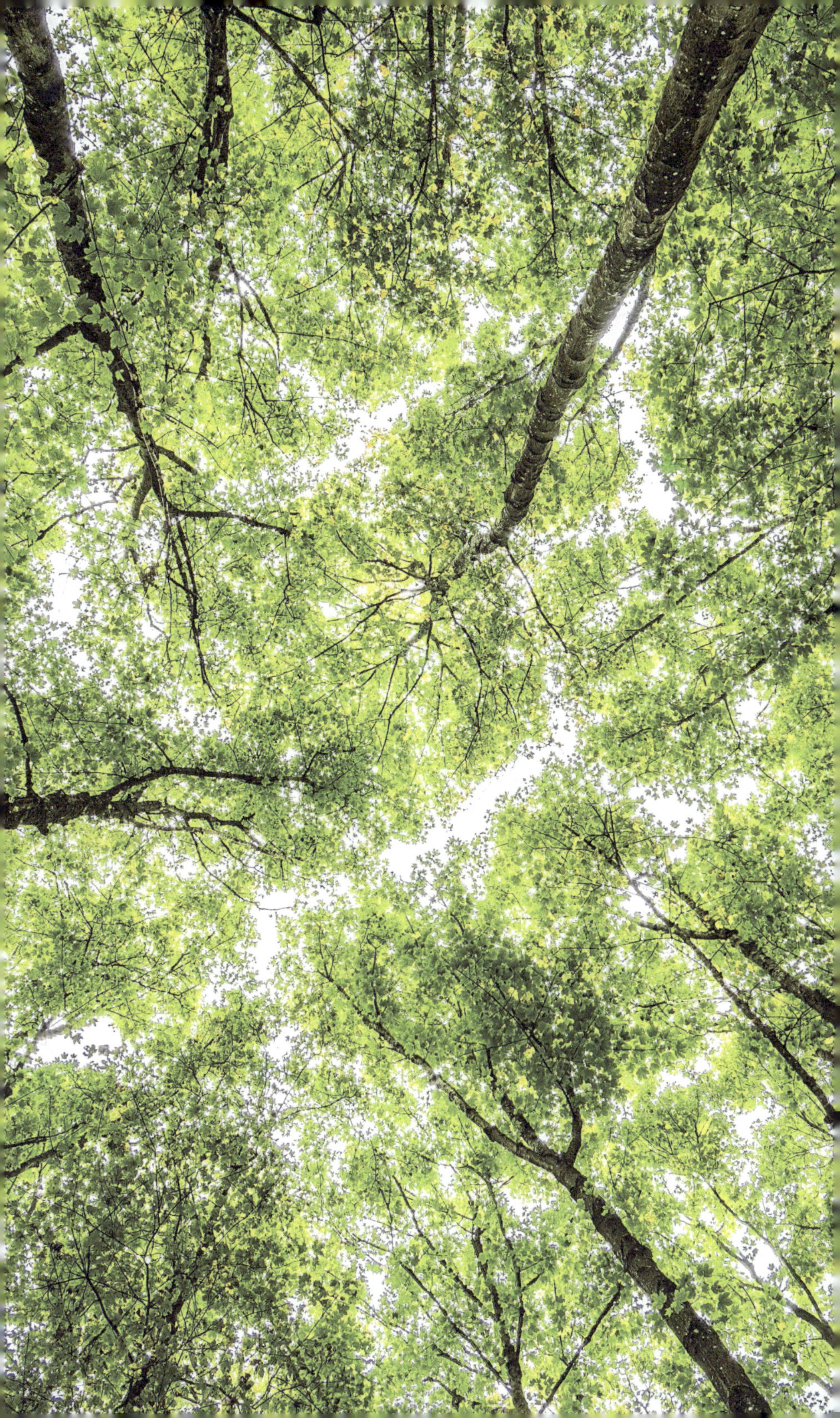

Zéro net - Net zero

Le terme « zéro net - net zero » fait référence à l'équilibre entre la quantité de gaz à effet de serre produite et la quantité retirée de l'atmosphère. Le zéro net nécessite l'élimination du charbon, remplacé par du gaz naturel, qui produit moins de carbone.

Pourtant, avec la crise énergétique résultant de la guerre en Ukraine et entraînant des prix du gaz record et des stocks historiquement bas, les pays se sont tournés vers le substitut fiable et bon marché du charbon, quoiqu'à forte intensité de carbone, pour chauffer les maisons et faire tourner les usines.

La Chine, par exemple, a assoupli les prix du charbon tout en se tournant vers l'étranger pour en acheter dans le but de fournir de l'électricité à des fins résidentielles et industrielles. En Europe, les services publics sont passés au charbon pour produire de l'électricité pour l'hiver 2022.

Aux États-Unis, la production de charbon est la plus élevée depuis près d'une décennie, d'autant plus que le nord des USA a vécu une vague de froid sans précédent avec des chutes de neige record.

Si les dirigeants mondiaux s'en tiennent à leurs engagements climatiques, les réglementations rendront encore plus chères les émissions de carbone. Le Canada a ainsi mis en place une taxe fédérale sur le carbone qui devrait augmenter chaque année jusqu'à ce qu'elle atteigne 50 $ CA la tonne en 2022 et 170 $ CA la tonne en 2030 pour un usage industriel.

Un marché du carbone est un système d'échange de crédits carbone , de droits d'émissions de CO_2 et de quotas carbone. Le marché du carbone n'est qu'une des options permettant de donner un prix à cette ressource. Il a été porté par le monde industriel qui préférait cette solution recourant au marché, plutôt qu'une simple taxe carbone.

Selon le rapport 2020 de l' « International Carbon Action Partnership », 21 marchés du carbone ont été mis en place et 24 autres sont en cours de développement ou en projet.

Les marchés du carbone signifient qu'une fois que les approvisionnements en gaz augmenteront, faisant baisser son prix, le gaz sera très probablement moins cher et la ruée actuelle vers la production de charbon ne durera pas. Et comme les développements technologiques rendent l'énergie solaire et éolienne moins chère à produire, alors le charbon et d'autres sources d'énergie à forte intensité carbone sembleront moins attrayantes pour les ménages et les entreprises.

Pour moi, l'augmentation du prix du carbone n'a de valeur que si elle signale aux consommateurs quels biens et services ont une forte teneur en carbone et donc devraient être consommés avec plus de parcimonie, et non devenir des produits ou services de « luxe « carbone.

Résultat : cette transition verte vers un avenir zéro net est essentielle pour débloquer les objectifs climatiques mondiaux de l'Accord de Paris de 2015. Cependant, si elle n'est pas bien gérée, la transformation socio-économique requise risque d'aggraver encore les inégalités sociales, l'exclusion, les troubles civils et des entreprises, secteurs et marchés moins compétitifs.

De plus en plus, les pays reconnaissent ces risques et prennent à leur tour des mesures pour intégrer une transition juste et équitable de leurs économies dans leurs plans, processus et pratiques climatiques à court et à long terme.

Sur fond d'hypocrisie

Car si la consommation reste extrêmement légitime pour une majorité de la population. Les pratiques de consommation ont été construites dans nos sociétés comme un moyen de montrer son appartenance, sa participation à la société. La taille de sa voiture, ses vacances en avion... Tout cela relève en partie de la consommation statutaire, pour montrer son statut social.

À L'inverse du sentiment de fierté et d'appartenance, un sentiment de honte apparaît.

En Suède est né un mouvement, la « honte de prendre l'avion » (ou « flygskam » en suédois, « flight shame » en anglais), qui progresse en Europe et inquiète l'industrie aéronautique. Ce phénomène est en train de changer nos habitudes, au point que les prévisions de croissance de trafic aérien doivent être revues à la baisse.

En Suède, le mouvement est particulièrement courageux, puisque géographiquement, pour eux, l'alternative à l'avion n'est pas évidente, mais il faut que la société civile et les politiques travaillent ensemble. Le poids du collectif est énorme et indispensable pour développer un tel mouvement.

Autre exemple : des poursuites en justice qui nous rappellent étrangement celles engagées avec succès contre les géants du tabac ou contre l'industrie pharmaceutique dans le cas de la prolifération des opioïdes. Une plainte au civil a en effet été déposée vendredi 15 septembre 2023 auprès de la Cour supérieure de San Francisco contre les géants pétroliers Exxon Mobil, Shell, BP, ConocoPhillips et Chevron, qui a son siège en Californie.

« Pendant plus de cinquante ans, « Big Oil » [les géants du secteur pétrolier, NDLR] nous a menti, cachant le fait qu'ils savaient depuis longtemps combien les énergies fossiles qu'ils produisaient étaient dangereuses pour notre planète », a déclaré le gouverneur démocrate Gavin Newsom, dans un communiqué vendredi. « La Californie agit pour que les gros pollueurs rendent des comptes », a-t-il ajouté. Cette action en justice, révélée par le New York Times et confirmée par le gouverneur de l'État, fait suite à de nombreuses autres lancées par des villes, comtés et États américains contre des intérêts liés aux énergies fossiles. Toujours en raison de leur impact environnemental, sur fond d'accusations de décennies de campagnes de désinformation.

La prise de conscience a débuté il y a longtemps

À l'échelle mondiale, elle démarre en 1972, à Stockholm. C'est le premier « sommet de la terre » sur les problèmes environnementaux. On ne parle pas encore de climatisation ou de réchauffement climatique. À Stockholm a été dressé le tout premier bilan des conséquences des activités humaines pour l'environnement à l'échelle du monde, avec la volonté d'esquisser une conception commune des moyens d'assurer la difficile tâche de préserver et d'améliorer ce qu'on appelait alors l'environnement humain. Élaborée dans cet esprit, la Déclaration de Stockholm adopte surtout des objectifs généraux de politique environnementale, et non des dispositions très concrètes.

Maurice Strong (à droite), convention Only One Earth, ONU, 1972, Stockholm

Ce qui importe alors, c'est que cela marque le début d'une période ! Car la période qui a suivi a révélé une prise de conscience spectaculaire des questions d'environnement dans le monde entier, accompagnée de la naissance du droit international de l'environnement.

Parallèlement, un nouveau mouvement international de défense de l'environnement, dépassant progressivement les grandes questions mondiales et transfrontalières, a commencé à s'intéresser à la réglementation - de tel ou tel milieu ou secteur. C'est là que l'on voit apparaître la prise en compte, dans les décisions ayant trait à l'environnement, de considérations relatives à l'économie et au développement.

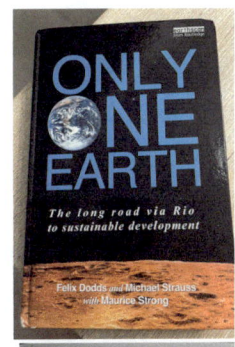

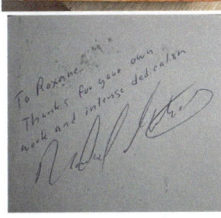

Le secrétaire général de cette conférence était canadien, Maurice Strong. J'ai eu la chance de rencontrer à New York à l'ONU en 2012, avant la conférence de RIO. Il m'avait alors dédicacé son livre. Il est décédé trois ans plus tard.

M. Strong, en plus d'avoir dirigé le Sommet de la Terre de Rio, a occupé d'autres postes d'envergure, il a notamment été président de Power Corporation dans les années 1960, une société d'investissements financiers, puis pdg de Petro-Canada entreprise canadienne spécialisée dans l'exploitation et la commercialisation du pétrole.

Surprenante carrière que ce parcours dans la finance et dans le pétrole, deux secteurs parmi les plus décriés par les militants écologistes. Pourtant, M. Strong est de loin l'un des plus grands déclencheurs et le meilleur promoteur du développement durable.

En 50 ans, il y a bien un évènement, une innovation... un progrès ? Quelle est l'avancée la plus sérieuse qui nous restera en mémoire pour nous convaincre que nous avons tout fait pour gagner cette course contre le changement climatique ? La voiture électrique ? Les éoliennes ?

En attendant, à quoi pensons-nous quand on achète la nouvelle crème antirides que l'on applique sur des rides qui n'ont toujours pas disparu, ou que l'on se fait prescrire le nouvel antidouleur alors que le cancer existe toujours ? Les industries cosmétiques et pharmaceutiques ont pensé solutions, et ajoutent en réalité des chiffres sur des chiffres !

Je reste persuadée qu'au fond, le groupe U2 a plus fait pour l'Irlande du Nord avec sa chanson « Sunday Bloody sunday » que bien des efforts policiers.

En restant eux-mêmes, ils ont contribué à « sauver le monde » à leur manière !

Les solutions des experts dans les grandes lignes

Le 4 avril 2022, les experts du climat de l'ONU qui font partie du GIEC ont publié un nouveau rapport consacré aux solutions pour réduire les émissions de gaz à effet de serre. Ces préconisations ont pour objectif de limiter le réchauffement climatique à 1,5 degré Celsius, comme cela avait été convenu lors de l'Accord de Paris en 2015.

Remplacement des énergies fossiles, captage de CO_2, limitation des émissions de méthane, réduction de la demande énergétique… Le troisième volet du Rapport du Groupe Intergouvernemental d'experts sur l'Évolution du Climat (GIEC) se penche notamment sur les différentes pistes à suivre afin de limiter au maximum le réchauffement climatique par rapport à l'ère pré-industrielle.

Ce rapport fait suite au deuxième volet du GIEC publié le 28 février 2022, qui porte quant à lui sur les effets, les vulnérabilités et les capacités d'adaptation à la crise climatique. Quant au premier volet, en date d'août 2021, il concluait alors que le changement climatique était plus rapide que prévu.

CRITICAL LAB VALUES

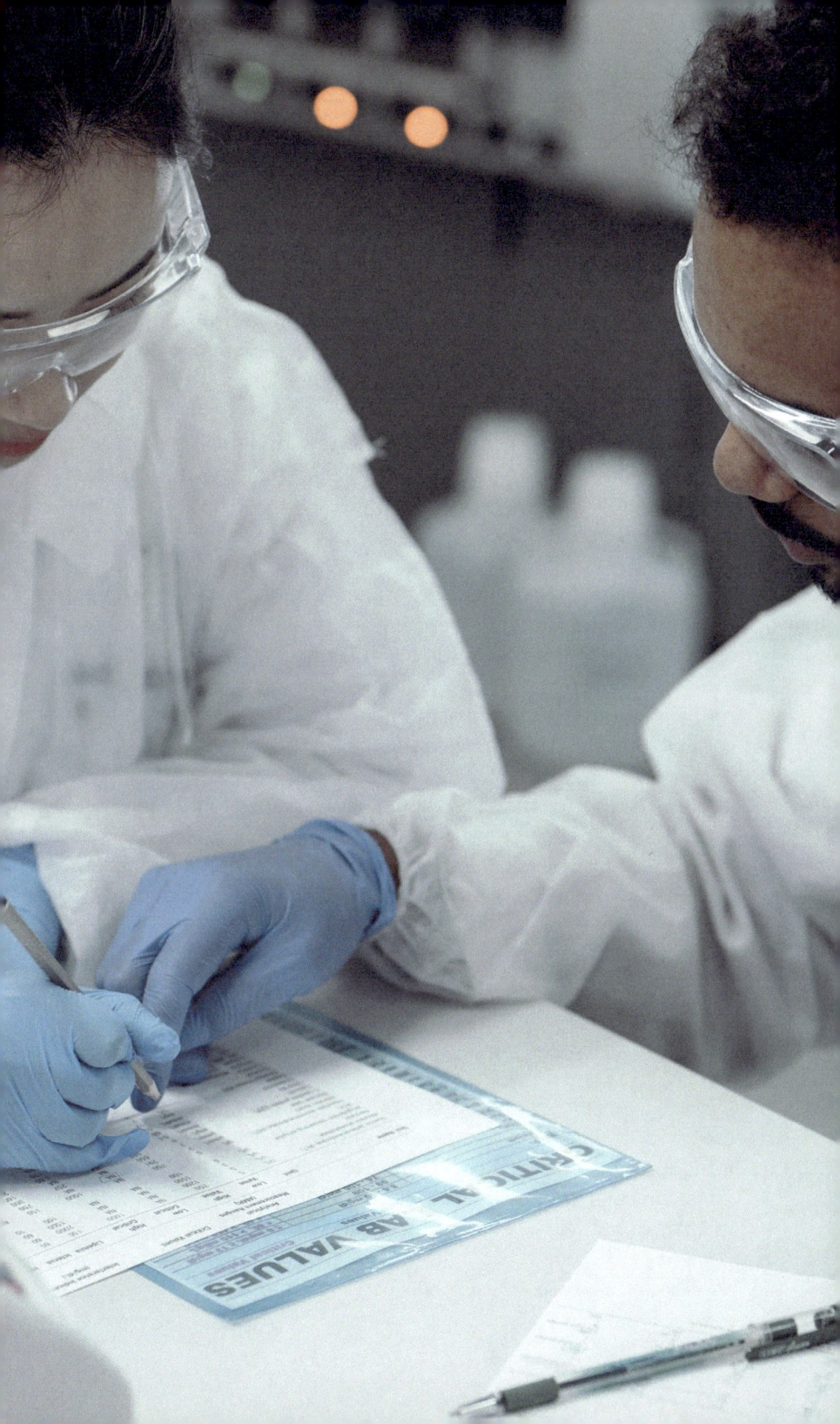

Une énergie moins carbonée

Afin de limiter la hausse mondiale des températures, les experts du GIEC suggèrent de remplacer les énergies fossiles (charbon, pétrole, gaz) par des sources d'énergie bas-carbone ou neutres (hydroélectricité, éolien, photovoltaïque...). Face à ce constat, le GIEC considère également nécessaire de mettre en place des techniques d'élimination du dioxyde de carbone (plantations d'arbres, extraction du CO2 de l'atmosphère...).

Dans le même temps, ces mêmes experts évoquent le problème des émissions de méthane (un autre gaz à effet de serre très puissant), à la fois par le biais de la production d'énergies fossiles, mais aussi des élevages d'animaux.

Par ailleurs, les experts du GIEC préconisent d'autres modifications structurelles permettant de réduire la demande énergétique. Cette plus grande sobriété passerait à la fois par :

- l'alimentation : régime alimentaire moins carné ;
- le logement : isolation des bâtiments ;
- le travail, télétravail ;
- les transports : mobilités douces, véhicules électriques.

Parmi les autres pistes, le rapport souligne également l'importance de limiter tout type de gaspillage, en particulier le gaspillage alimentaire.

Enfin, face au développement des villes, les experts du GIEC estiment important de repenser le fonctionnement futur des zones urbaines*.

« grâce à une consommation d'énergie réduite (par exemple en créant des villes compactes et piétonnes), à l'électrification des transports en combinaison avec des sources d'énergie à faibles émissions et à une meilleure absorption et stockage du carbone en utilisant la nature. »

*En effet, 70% de la population mondiale vivra en zone urbaine en 2050.

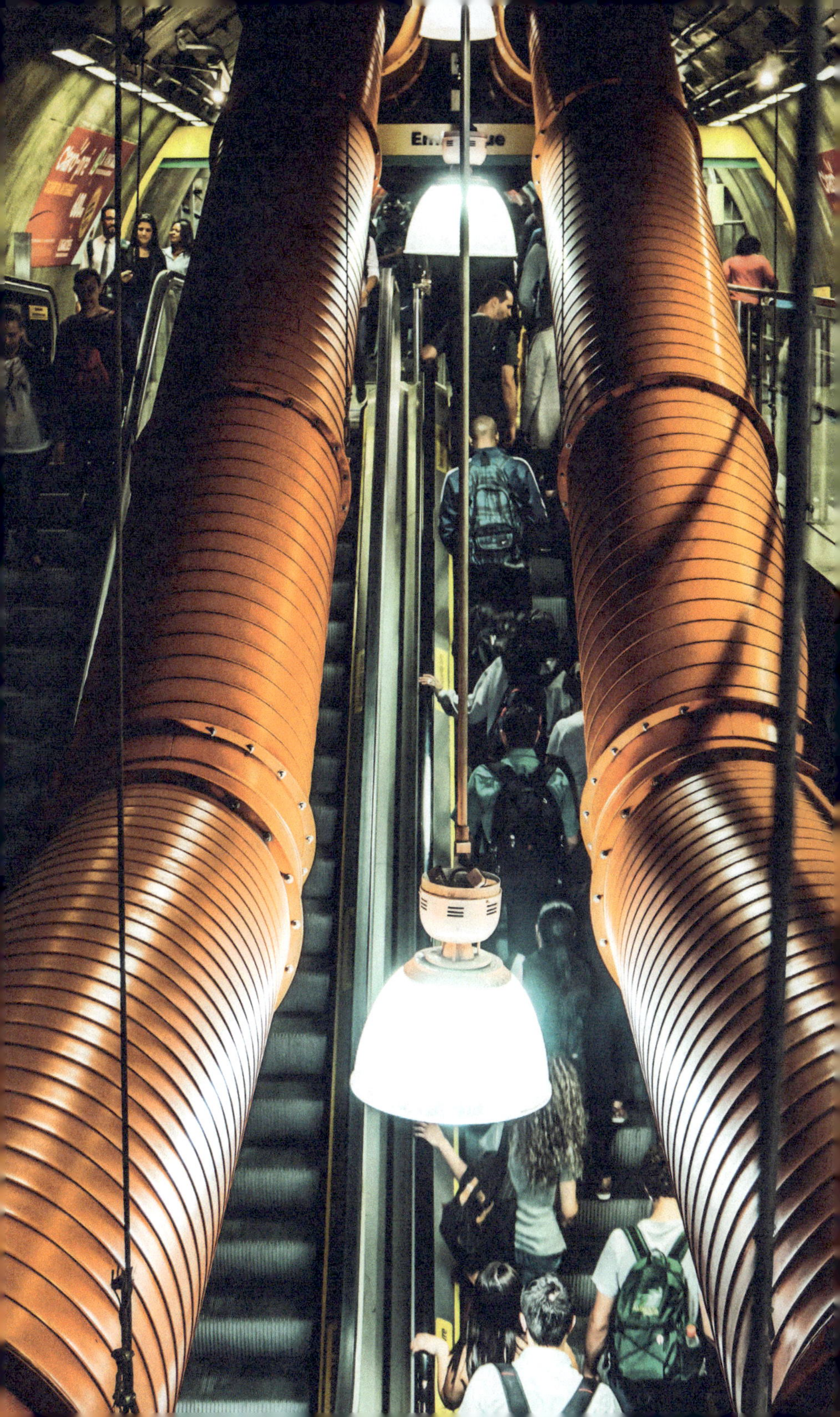

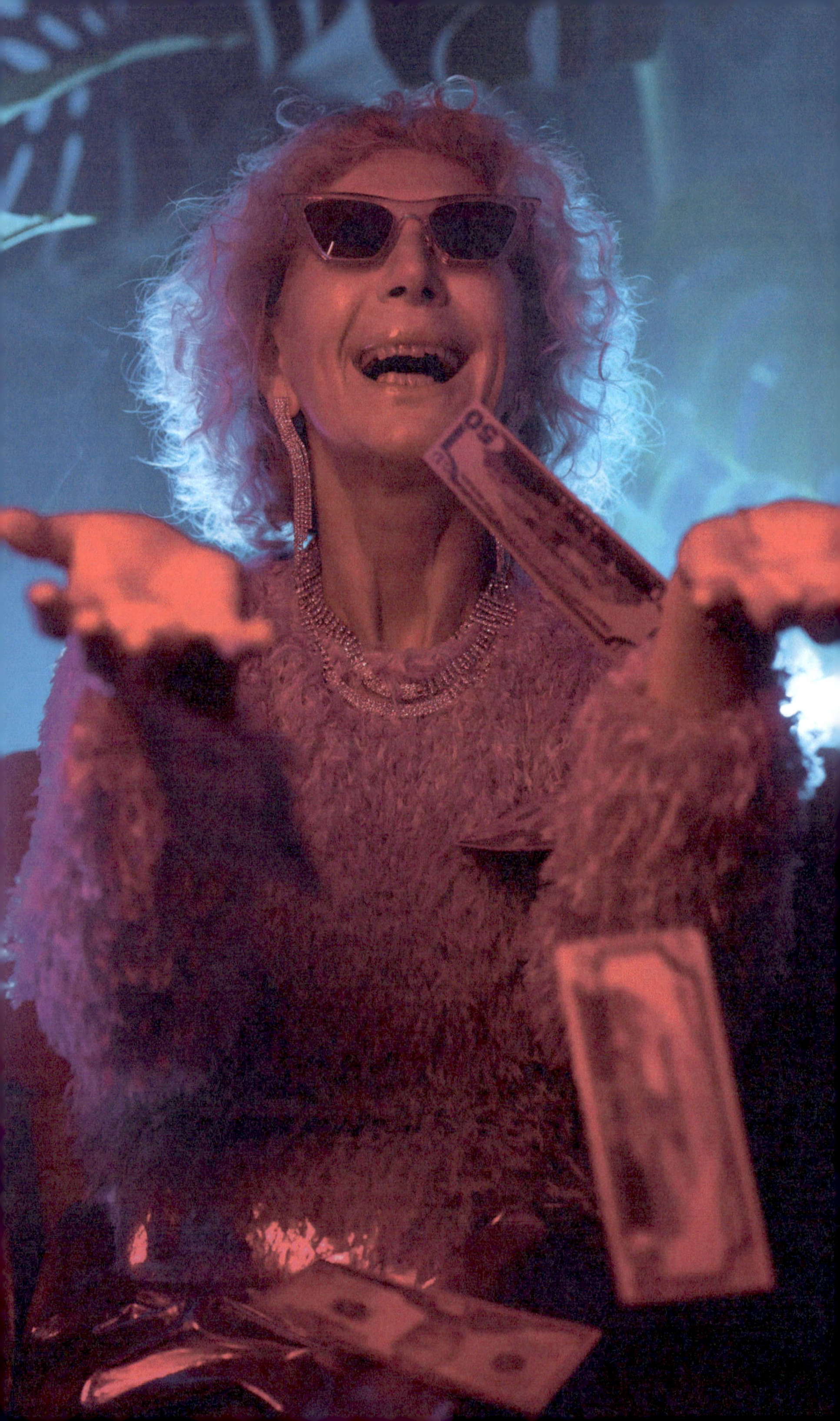

LE BONHEUR OU L'ARGENT

Riche et malheureux ?

Suis-je plus heureuse de marcher dans une paire de tongs ou dans une paire de Gucci à 3000 dollars ? Je ne referai pas le débat de la mode, mais il faut parfois faire un pas de côté, et tenter de décrypter le monde à partir d'autres données que les grands indicateurs économiques, préoccupation principale des observateurs et des acteurs du pouvoir qui ne prennent jamais en compte la notion de satisfaction, de tendance dans la culture locale.

Si on extrapole dans la nature : un écosystème ne produit aucun déchet, ne gâche rien, réutilise tout. Des milliers d'acteurs coopèrent de façon harmonieuse, chacun trouvant de quoi subvenir à ses besoins. La notion de chômage y est inexistante et l'énergie utilisée avec une efficacité qui a de quoi faire pâlir les meilleures technologies humaines. Le tout en n'utilisant évidemment que des ressources disponibles localement.

Appliquer ces principes à l'économie humaine serait éminemment vertueux !

Alors, comment faire ?

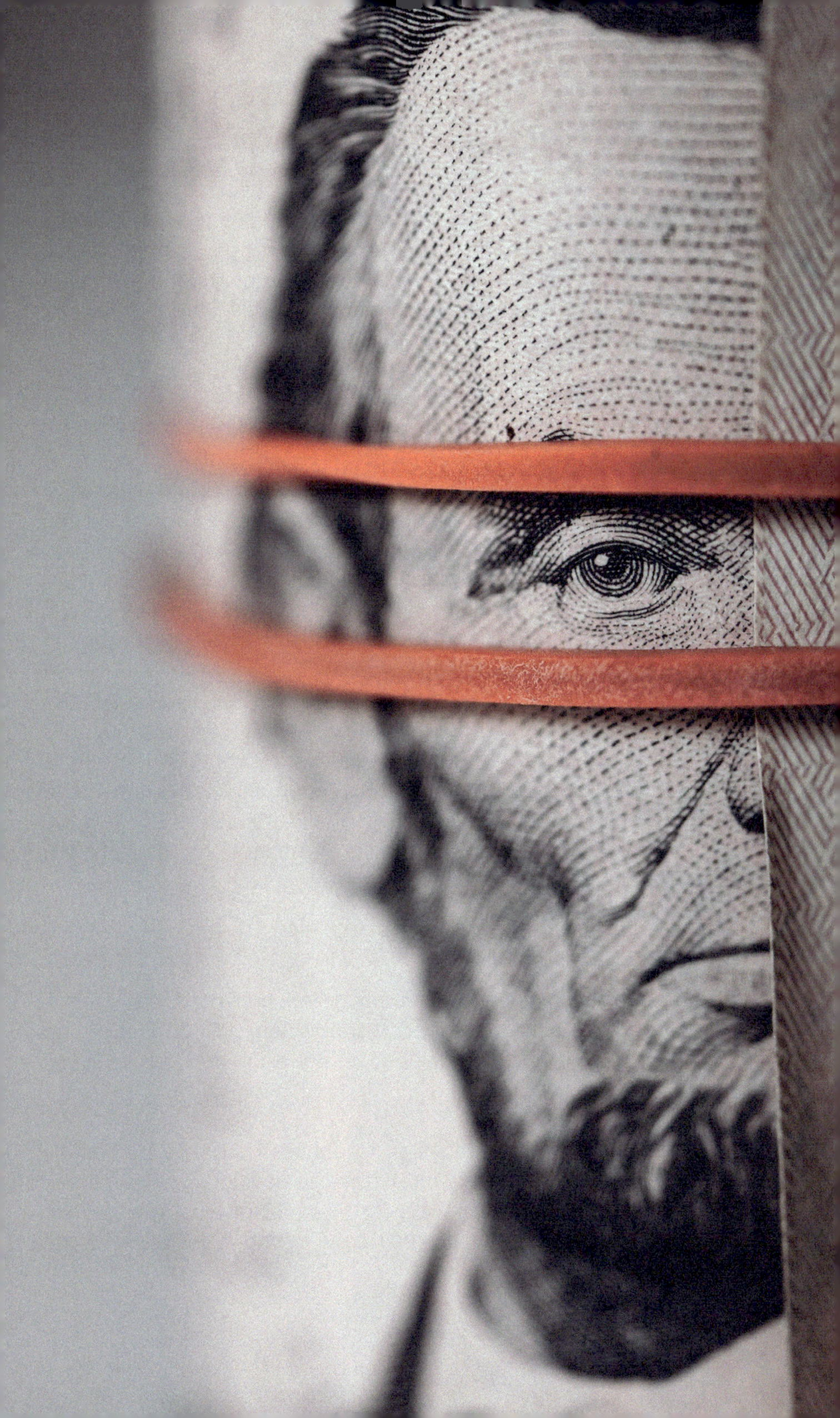

Donnez-moi quelques indices

La richesse des nations se mesure à son Produit Intérieur Brut (PIB), soit la somme des valeurs ajoutées produites par le pays chaque année. Cet indicateur se trouve purement économique et ne tient pas compte du bien-être des citoyens.

**PIB = produit intérieur brut
face à
BIB = bonheur intérieur brut**

Préférer la notion de bonheur à celle de PIB, ça existe déjà, et on le trouve au Bhoutan, où l'on utilise quatre critères pour définir son BNB (Bonheur National Brut) : la croissance et le développement économique, la conservation et la promotion de la culture bhoutanaise, la sauvegarde de l'environnement et la promotion du développement durable et la bonne gouvernance responsable.

Afin de mesurer la qualité de vie de ses pays membres, l'OCDE a lancé en 2011 l'indice du Bonheur Intérieur Brut (BIB), basé sur onze critères : les revenus, le logement, l'emploi, la santé, la sécurité, la vie en communauté, la gouvernance, l'éducation, l'environnement, le sentiment de satisfaction personnelle, l'équilibre entre la vie professionnelle et la vie de famille, il nuance les résultats des statistiques économiques.

Autre indice à suivre : l'IDH

IDH Indice de développement humain a été créé par le programme des Nations Unies pour le développement PNUD, l'indice de développement humain évalue la santé, l'éducation et le niveau de vie d'une nation.

En 2022, après deux années consécutives de baisse de l'indice avec la COVID et la guerre en Ukraine, le développement humain est retombé à ses niveaux de 2016, annulant ainsi une grande partie des progrès mis en place dans le cadre des objectifs de développement durable.

Et ce qu'on observe, c'est que cette inversion est presque universelle, puisque plus de 90% des pays ont enregistré une baisse de leur IDH en 2020 et 2021 et plus de 40 % ont vu leur indice chuter au cours de ces deux dernières années, signalant que la crise continue de s'aggraver pour beaucoup. Comme l'Asie du Sud, L'Afrique Subsaharienne, l'Amérique latine ou encore les Caraïbes ont été les plus touchés.

Même si de nombreux pays se remettent sur pied, la reprise est hétérogène et creuse un peu plus les inégalités.

Le système capitaliste (entendu comme le « système actuel ») est celui qui nous nourrit, nous habille, finance la science qui nous soigne, rémunère les artistes, garantit le budget de notre éducation, etc.

Or, il faut être toujours moins cher, casser les prix et baisser les coûts pour être toujours plus compétitif, en bradant discrètement la qualité.

Il est impossible qu'un tel système rende service à la société sur le long terme.

Un chercheur de l'université de Stanford n'a pas hésité à affirmer que « la réduction de la pollution en Chine a probablement sauvé vingt fois plus de vies que celles qui ont été perdues en raison du virus », même si cette affirmation sera à relativiser lorsque nous connaîtrons le véritable nombre de morts.

Nos sociétés dépendent dangereusement de la croissance, du cycle ininterrompu de production-consommation et des approvisionnements qui viennent du monde entier.

Ces sociétés ultra-mondialisées, spécialisées, sont fragilisées lorsqu'elles sont entravées dans leur mécanique d'échanges effrénés. Chaque mois de confinement a coûté trois points de PIB à la France, rien que ça !

En nous confinant, en faisant s'effondrer la croissance, le Produit Intérieur Brut (PIB), les cours de la bourse, nous sauvons le climat et la biodiversité.

À quel prix ?

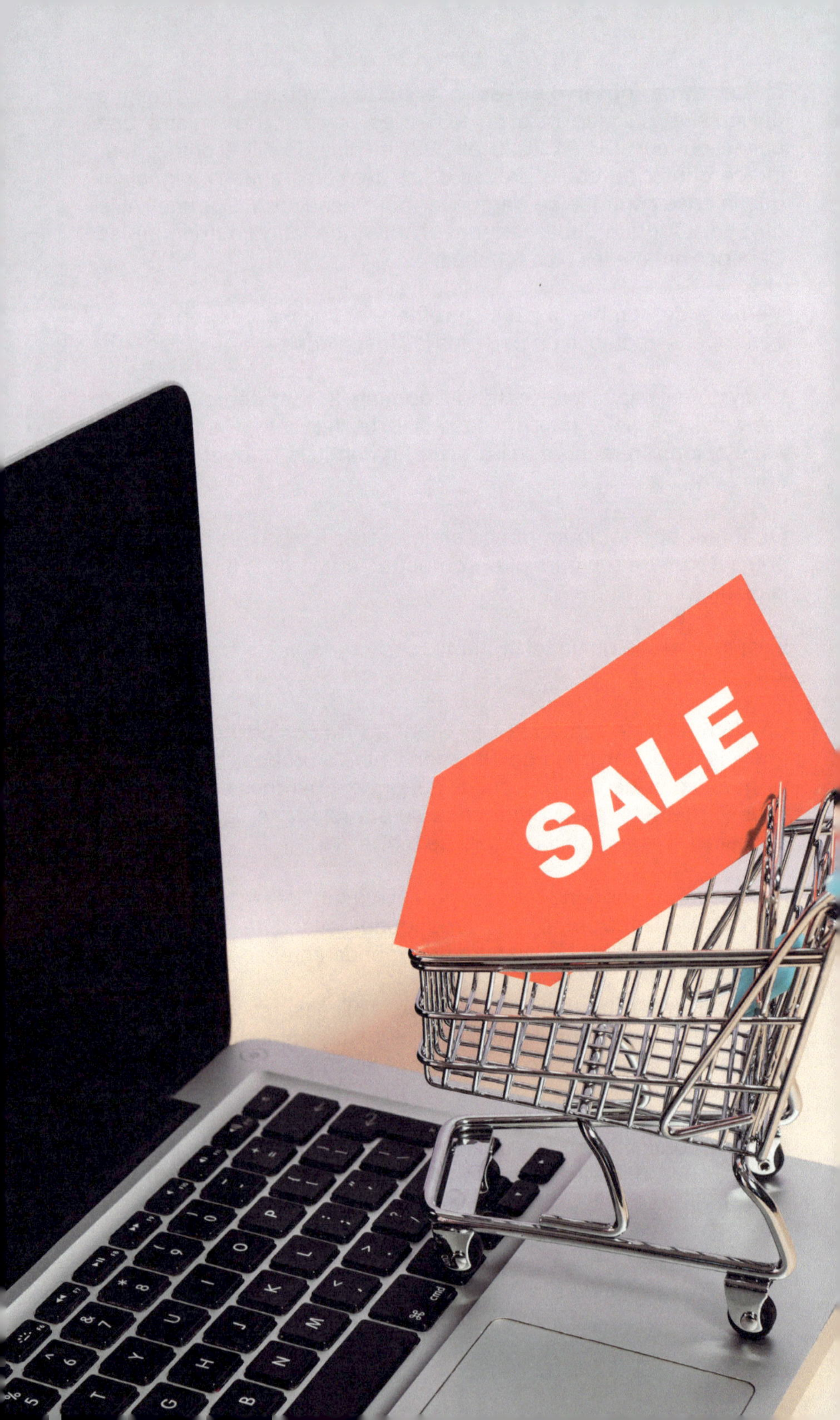
SALE

« La mondialisation est conçue sur cette obsession de toujours être le moins cher »

- Roxane Grioche-Baum

Négocier les valeurs

En gros, « la fin du mois passe avant la fin du monde » ?

Or, d'un côté, si l'opinion publique aujourd'hui ne veut plus qu'on les berce d'illusion à propos d'une transition écologique merveilleuse, sachant que cette solution miracle n'existe pas ; De l'autre côté quoi que l'on fasse, la lutte pour le climat porte atteinte à notre pouvoir d'achat, à commencer par le prix du plein de diesel !

On préfère le principe pollueur-payeur, en imposant un prix universel du carbone reflétant la valeur du dommage qu'il génère. Cette solution apparait alors comme une des plus justes si on ramène tout à notre porte-monnaie.

Un bon compromis, n'est-ce pas ?

La planète sauvée par une taxe carbone, soutenue partout puisque ce n'est plus qu'une histoire d'argent.

On passe donc d'une notion de système capitaliste à un système de pur marché carbone où toute la valeur humaine se confond avec la valeur CO2.

Mais les Français sont-ils prêts à sacrifier un peu de leur bien-être aujourd'hui pour améliorer de beaucoup le bien-être d'autrui, même si cet autrui n'est essentiellement pas français, et qu'il n'est probablement même pas encore né ?

Et la valeur perçue

Le surplus de consommateur est l'écart entre le prix qu'un individu doit payer pour acquérir un produit ou service et le prix maximum qu'il serait prêt à payer pour cette acquisition en se basant sur les avantages perçus en retour.

Tout devient cheap : « Quand il n'y en a plus, il y en a encore »

Il s'agit concrètement de la différence entre la valeur perçue ou ressentie par un consommateur en se basant sur les bénéfices que le produit ou service apporte et le prix à véritablement débourser.

Pour faire simple, lorsqu'un consommateur a le sentiment d'avoir fait une bonne affaire, on peut affirmer que le surplus consommateur est élevé.

Minimalisme ou frugalité, par exemple, semblent d'abord adoptés par des populations urbaines et relativement aisées, qu'on pourrait qualifier de « Bobos ». Cela risque-t-il d'être contre-productif, en suscitant le rejet de la part d'autres classes sociales et en cristallisant des comportements de consommation statutaires ?

L'exemple du bio, qui connaît une croissance phénoménale, illustre bien le phénomène. Une offre commerciale, des labels publics, des messages publics de soutien à ce type de culture, tout cela a pris des années avant de se structurer et de permettre de sortir le bio de la marginalité. Les pouvoirs publics jouent vraiment un rôle crucial.

Nous avons une extrapolation : désormais plus d'une personne sur dix dans le monde souffre de la faim, que la moitié des enfants de la planète n'a pas eu accès à une école décente depuis deux ans, on comprendra que la colère et la révolution ne seront pas qu'une affaire de riches frustrés, mais que la rencontre de deux colères, celles des riches et celles des pauvres, peut entrainer le monde vers le chaos.

Le pire est à venir ?

En rendant cheap la nature, l'argent, le travail, le care, l'alimentation, l'énergie et donc nos vies – c'est-à-dire en leur donnant une valeur marchande – le capitalisme a transformé, gouverné puis détruit la planète. Telle est la thèse développée par l'universitaire et activiste Raj Patel dans son nouvel ouvrage, intitulé « Comment notre monde est devenu cheap » (Flammarion, 2018).

> « Le capitalisme triomphe, non pas parce qu'il détruit la nature, mais parce qu'il met la nature au travail – au moindre coût »
>
> Raj Patel

Il est nécessaire de sortir de cette spirale dans laquelle on consomme toujours plus, toujours plus vite. L'écologie est l'occasion d'en prendre conscience, elle n'est pas seulement une lubie de bobos qui veulent manger bio ! C'est bien plus que cela, elle peut nous aider à réhabiliter la notion de bien commun, de temps long, d'engagement.

« Le futur appartient à ceux qui voient les possibilités avant qu'elles ne deviennent évidentes »

- Theodore Levitt

Et Theodore Levitt va même plus loin : « Les gens n'ont pas besoin d'une perceuse. Ils ont besoin d'un trou dans leur mur ». Selon lui, professeur de marketing de la Harvard Business School, les gens sont moins intéressés par les produits qu'ils achètent que par les services que ces produits leur rendent.

C'est vrai qui si on retrace de 1953 à 2023, le monde a considérablement changé. Personne n'aurait imaginé, par exemple, que chaque citoyen disposerait aujourd'hui d'un téléphone au bout de sa main qui lui permet de diffuser instantanément ce qu'il souhaite au monde entier.

Le plus enthousiasmant défi que notre futur comporte sera alimentaire, il me semble. Le véganisme y trouvera tout son sens et connaitra alors une expansion sans pareil.

Aurons encore la chance de déguster des produits 100% terroirs français, ou d'éviter le choix de la barre de céréales et insectes made in Ethiopia ? Une troisième option se dessine : les produits fabriqués comme le Papondu, un œuf végétal sans poules, créé par deux étudiantes dans un laboratoire de Cergy Pontoise ! Ce substitut végétal à l'œuf se présente sous forme de palet et remplace l'œuf traditionnel avec les mêmes compositions. Ça, c'est une vraie révolution dans l'assiette !

L'IA aura envahi notre façon de travailler et de nous soigner, mais le travail ne disparaitra pas : c'est la participation même à la construction de notre monde !

We are the world

Souvenez-vous, en mars 1985, Michael Jackson réunit les plus grands chanteurs américains et ensemble, ils collectent 63 millions de dollars pour l'action humanitaire USA AID, en particulier pour venir en aide à l'Éthiopie, ravagée par la famine.

Quarante ans plus tard, près des deux tiers de la population Africaine sont en situation d'insécurité alimentaire, ce qui signifie qu'ils n'ont pas accès de manière régulière à une alimentation adéquate.

Dans la corne de l'Afrique et au Sahel, des millions d'enfants souffrent de malnutrition sévère ? Pourtant, de 65 % à 70 % de la population vit de l'agriculture, de l'élevage ou de la pêche. De quoi rappeler que le potentiel de souveraineté alimentaire est là.

Conflits et instabilité politique, crise climatique, séquelles du colonialisme, guerre en Ukraine génèrent une spirale de la faim sur le continent, pourtant tourné vers la production agricole et l'exportation.
Ce n'est pas tant l'insuffisance de la production qui est en cause que des problèmes structurels : pauvreté, effets du dérèglement climatique, fragilisation des tissus agricoles familiaux, conflits et instabilité politique.

« *Les quinze pays d'Afrique de l'Ouest, parmi lesquels huit pays sahéliens, produisent chaque année 60 millions de tonnes de céréales. La production en soi est suffisante, mais le nœud de la guerre, c'est l'organisation de la chaîne alimentaire. »

*Source 'Institut de recherche et de promotion des alternatives en développement (LRPA)

« Dans la vie, on a toujours le choix : aimer ou détester, assumer ou fuir, avouer ou mentir, être soi-même ou faire semblant. »

- Nelson Mandela

Faire vœu de richesse

Je décide d'accueillir toute la richesse qui jaillit autour de moi,
matérielle et immatérielle.

J'accueille la richesse comme ce qui nous rapproche
du Beau, Bon et Vrai.

J'accueille la richesse comme la vie donnant la vie,
la vie faisant évoluer la vie,
pour la grande alliance entre la matière et la lumière.

Je m'engage à construire avec tous les êtres vivants
des relations harmonieuses, joyeuses, fertiles
et emplies de sens.

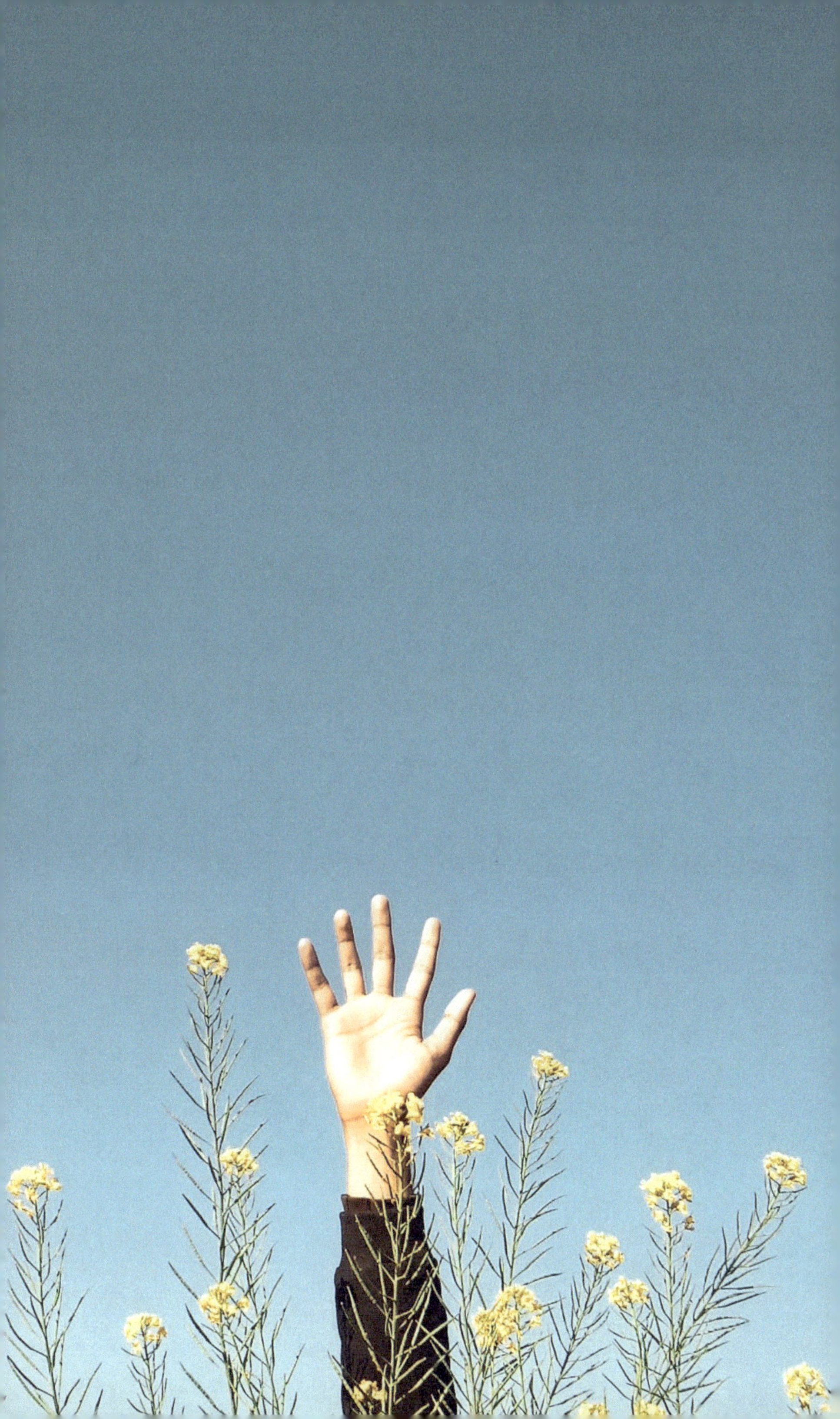

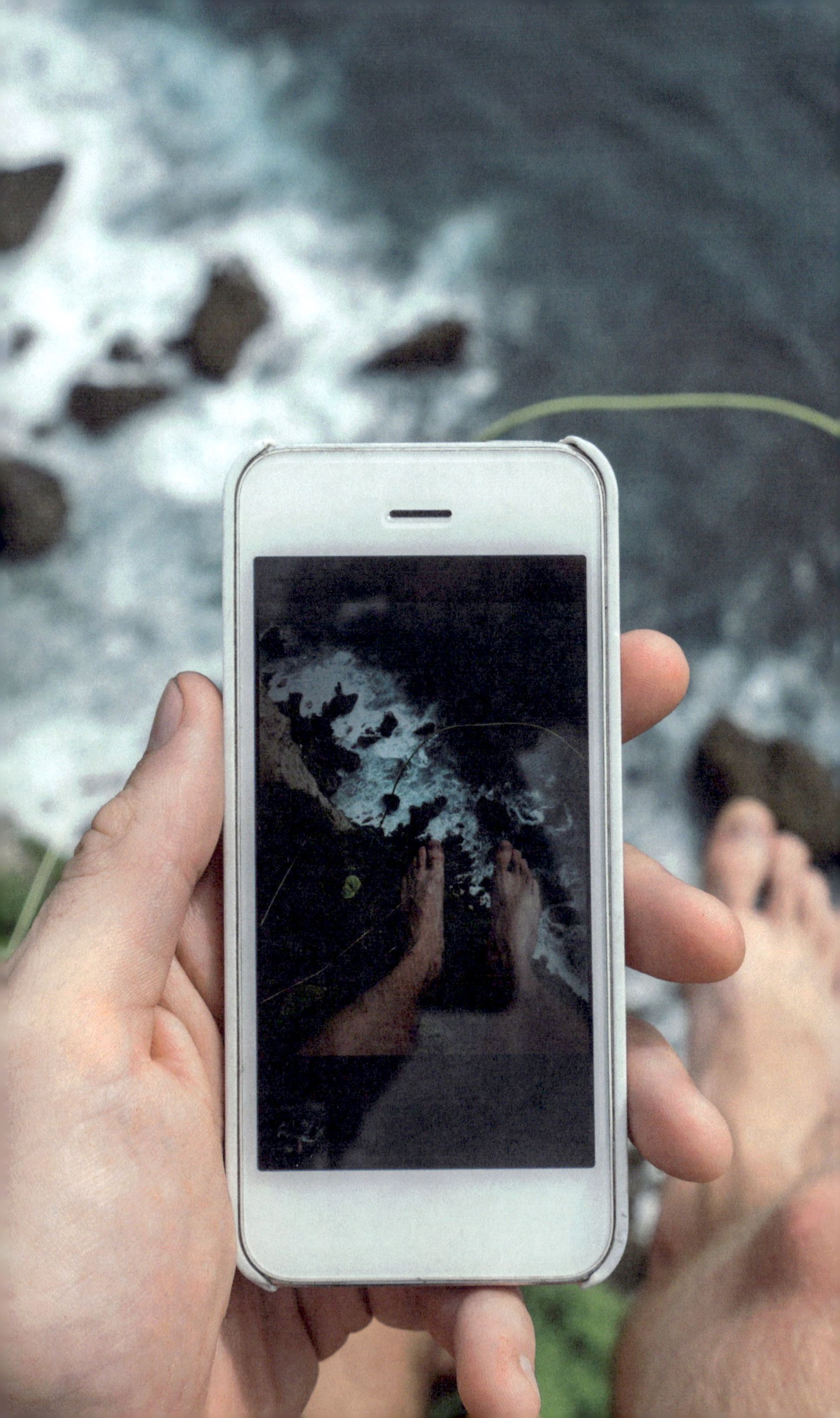

NE PLUS SE SENTIR SEUL

Reconnaissance

Les réseaux sociaux ont été ce catalyseur : un moyen de se sentir d'égal à égal, à travers notre petit écran de téléphone, à raccourcir les frontières, les décalages horaires, à se permettre de converser en espagnol, en arabe ou en japonais.

À force d'être retenu chez soi pendant la COVID, ça a comme naturellement forcé quelques-uns à s'exposer d'autant plus !

Le besoin de reconnaissance sociale, mais aussi les conseils ou les recommandations permettent de diffuser des comportements de proche en proche.

La preuve que, dans la vie personnelle comme dans la vie professionnelle, dans les relations amoureuses comme amicales, notre sort est très largement lié à notre capacité d'anticipation, mais il faut comprendre à temps ce que les autres attendent de nous.

Notre destin repose sur une exploitation des énergies fossiles qui a fondé notre prospérité et nous met aujourd'hui en péril. Production de gaz à effet de serre, consommation énergétique à outrance, il devient urgent d'opérer un changement profond de notre mode de vie.
Nous devons tous nous engager à réorienter tous les moyens d'investir vers les énergies non carbonées, la santé, l'éducation, l'agriculture biologique, l'hygiène, la recherche, à créer les conditions d'un accès égal de tous, de tout milieu social et de tout genre, aux moyens d'une vie décente.

Série d'actions dans les musées

Près d'une centaine de musées internationaux, comme, entre autres, le Prado à Madrid, le Louvre à Paris, ou le musée Guggenheim à New York, se sont déclarés « profondément choqués par la mise en danger inconsidérée » de ces œuvres « irremplaçables ».

En effet, les militants de la cause environnementale ont multiplié dans le monde des actions symboliques visant des œuvres d'art pour alerter l'opinion publique sur le réchauffement climatique, sans qu'aucun dommage ne soit fait aux œuvres en questions.

Ils ont par exemple collé leurs mains sur une peinture de Goya à Madrid ou sur la célèbre sérigraphie « Campbell's Soup » d'Andy Warhol exposée en Australie, projeté de la soupe à la tomate sur les « Tournesols » de Van Gogh à Londres et étalé de la purée de pommes de terre sur un chef-d'œuvre de Claude Monet à Potsdam, près de Berlin. Heureusement, les peintures sont restées indemnes.

Place à l'action !

Deux approches sont complémentaires :

- Essayer d'agir sur les causes.
- Se préparer aux conséquences inévitables.

Voici quelques bons gestes que j'ai pu déceler, les bonnes initiatives à suivre, et il y en a peu.

À prendre ou à laisser

Et si on commençait par là ?

Les bonnes choses de la vie qui sont gratuites :

- utiliser une carte en papier
- faire un gâteau au chocolat
- faire un bonhomme de neige
- admirer les vagues
- écouter de la musique
- jouer au frisbee
- lire trois livres
- observer les étoiles
- couper les fleurs du jardin et faire un bouquet
- jouer de l'harmonica
- faire du yoga
- finir un puzzle
- regarder le coucher de soleil
- jouer au yo-yo
- faire un pique-nique
- faire une balade dans un parc
- regarder un concert
- chanter en karaoké

Focalisez-vous sur ce que vous avez et maximisez-le

Avoir une bonne gestion des déchets du quotidien — comme le papier, le carton, le verre, le plastique, le métal... — N'est pas si compliqué à faire, finalement, une fois les bons réflexes acquis.

Bien vider les emballages, ne pas laisser de restes de nourriture, ne pas laver les emballages afin de ne pas gaspiller l'eau, revisser les bouchons sur les bouteilles et flacons si vous ne les donnez pas à des associations caritatives, bien écraser les bouteilles d'eau dans le sens de la hauteur pour limiter leur volume, ou encore, scinder les différents matériaux en séparant les barquettes plastiques des boîtes en carton de biscuits, par exemple !

Plus vous préparez vos déchets à leur seconde vie, plus ils seront faciles à gérer.

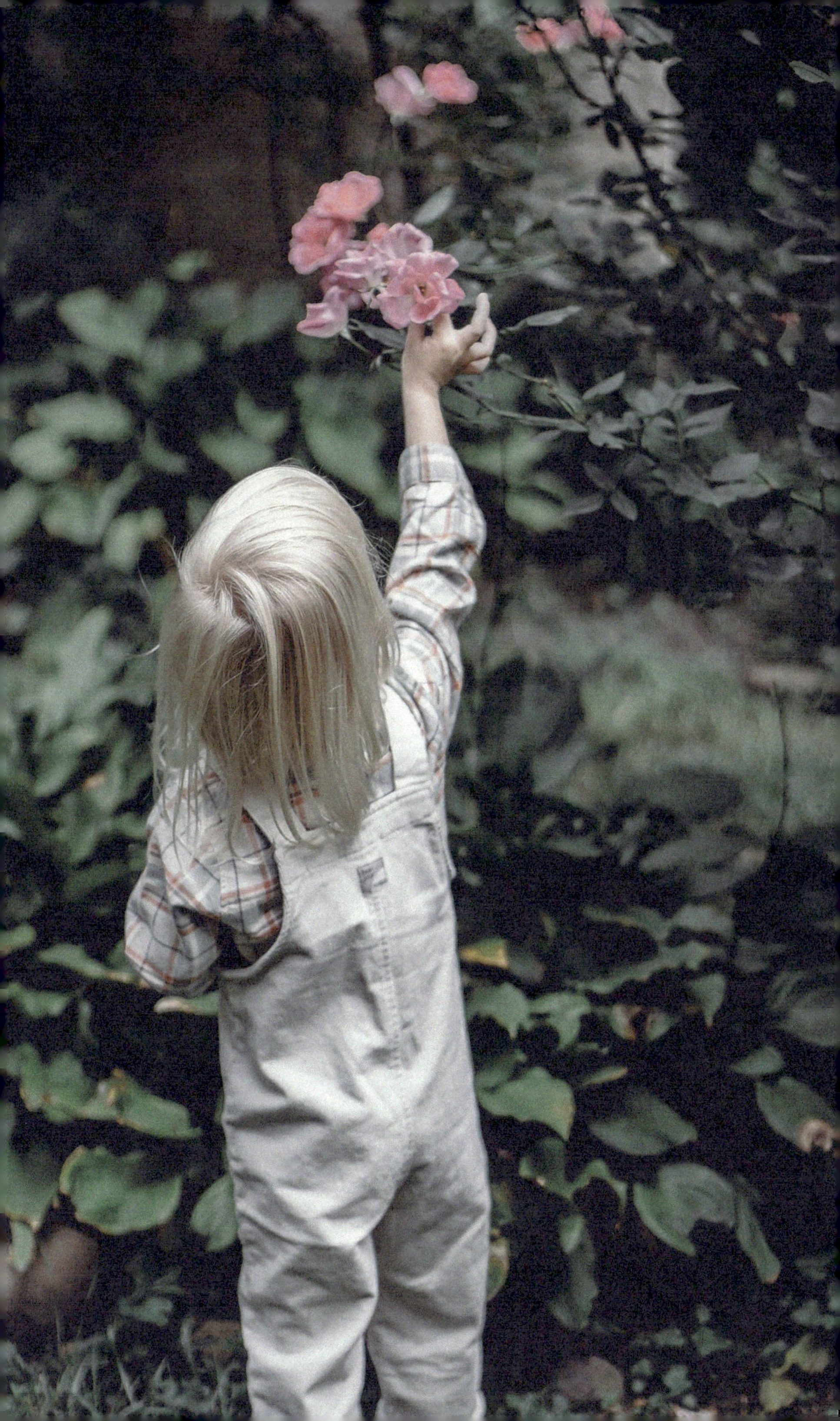

S'habituer au moins, c'est mieux

Il faut rééquilibrer la balance : le coût élevé des produits bon marché, et faire en sorte que plus le produit sera respectueux de l'environnement, moins vous le paierez cher.

Il s'agit d'égaliser le « coût privé » des biens de consommation avec leur « coût social ».

L'honnêteté de réinventer d'urgence un modèle sans plastique, car le recyclage n'est pas une solution. Selon l'Organisation des Nations Unies, 8,3 milliards de tonnes de plastique ont été produites dans le monde entre 1950 et 2015, dont 6 milliards sont devenues des déchets dans les décharges, la nature et les océans.

Le plastique recyclé est un paradoxe dans le sens où on ne peut pas recycler à l'infini un plastique.

Le recyclage, ça veut dire qu'on peut le recycler infiniment. On part d'un matériau et comme on est capable de le retransformer exactement dans le même matériau, il n'y a pas de déchets.

Le verre et le métal, eux, sont réellement recyclables. Après une, deux, voire cinq fois dans le meilleur des cas, le plastique lui ne l'est plus. Soyons bien vigilants à l'achat. Il y a le plastique visible, facile à éviter, comme les films plastiques sur les capsules de lave-vaisselle ou les bouteilles en plastique (les emballages plastiques représentent 46 % du plastique consommé en France chaque année selon le ministère de la Transition écologique), mais il y a aussi le plastique invisible, dans les textiles ou les cosmétiques.

Acidification des océans

Le CO2 est un polluant acide : lorsque le gaz carbonique se dissout dans l'eau de mer, il forme un acide faible (un acide carbonique qui augmente l'acidité de l'eau).

Si on arrête d'émettre du CO2, c'est une très bonne nouvelle pour l'océan, puisqu'on a bouleversé la chimie de celui-ci en augmentant l'acidité de la mer. On souhaite ici stabiliser le PH des océans, non l'aggraver. Autrement, son 'acidité va augmenter. Un PH neutre est à 7, le citron a un PH de 3 et l'océan est aujourd'hui à 8.

Le compost naturel

Évidemment, le compost est une solution très intéressante ! Et si en milieu rural, un tas à l'air libre sans contenant est adapté, en ville, il existe d'autres possibilités :

- le composteur individuel : contenant en bois ou en plastique, si vous avez un petit lopin de terre ou une terrasse, un balcon.
- le compostage de quartier, une aire de compostage collective gérée par les habitants d'une rue ou d'un quartier, si vous n'avez pas du tout de jardin.

Dans ces deux cas, vous pouvez composter, ou amener pour faire composter, les déchets dits humides (ou verts) comme les mauvaises herbes, les épluchures et restes de fruits, la tonte fraîche en petite quantité, les algues… À mélanger aux déchets dits secs (ou bruns) comme les branchages de petite taille (moins de 6 cm), les fleurs fanées et les plantes sèches, les feuilles mortes, la paille, sachets de thé, filtres et marc de café, coquilles d'œufs, essuie-tout, serviettes et sacs en papier…

Il n'y a pas de conscience innée des consommateurs

Depuis l'existence de la consommation, des efforts de mobilisation ont toujours été déployés envers eux. En ce qui concerne une thématique contemporaine telle que l'environnement, elle a émergé dans les années 2000, suivie de mobilisations pour la cause animale dans les années 2010.

Les scientifiques nous alertent depuis des années sur les dangers de la dégradation de notre environnement et de nos conditions de subsistance. Toute cette consommation politisée résulte largement du travail de la société civile, notamment des ONG, qui ont sensibilisé les consommateurs à l'impact de leur comportement d'achat, aux enjeux politiques qui y sont liés, et qui ont ensuite proposé des alternatives, des labels, des certifications d'entreprises, ainsi qu'une série d'outils de mobilisation, tels que les appels au boycott, ou le « name and shame » des mauvaises pratiques...

Ce qui caractérise particulièrement les mobilisations environnementales actuelles des consommateurs, c'est leur très grande visibilité sociale, résultant de la combinaison de quatre mécanismes. D'abord, l'utilisation des objets numériques permet de diffuser rapidement à un public étendu beaucoup d'informations. Les médias y montrent un intérêt marqué, rendant ces actions très visibles dans l'espace social, même lorsque le nombre de personnes touchées est initialement modeste.

Adopter des comportements vertueux, « à l'insu de son plein gré » grâce à de petits coups de pouce psychologiques : tel est le principe des nudges, une théorie comportementale venue des États-Unis et attribuée à Richard Thaler. Ces solutions, souvent très localisées, sont d'autant plus efficaces que le consommateur n'en a pas conscience. Cependant, j'ai des réserves quant au fait d'apporter une solution comportementale sans qu'il y ait une prise de conscience de l'importance des enjeux.

Prenons le cas classique qui consiste à réduire la taille des assiettes pour que les consommateurs se servent moins et, in fine, gaspillent moins. Cette approche fonctionne pendant deux mois, mais à un moment donné, les gens reprennent de plus belle. Surtout, les enjeux du gaspillage et des ressources n'ont pas été expliqués. Ainsi, lorsque les personnes mangent ailleurs, avec d'autres assiettes, l'effet recherché disparaît complètement.

En revanche, une prise de conscience du problème et une admission progressive d'un changement de pratique sont bien plus efficaces à long terme.

Covid temporaire

En cet épisode particulier de pandémie, nous constatons notre disposition à restreindre massivement nos libertés lorsque notre sécurité – voire notre survie – est en jeu. Cette acceptation découle de la conscience que cette situation est temporaire.

L'ère de la sobriété ?

Canicule, sécheresse, incendies, tempêtes et montée des eaux ont intégré notre quotidien. Les humains devront apprendre à vivre en s'entraidant davantage.

L'Anthropocène marque une nouvelle ère géologique où les êtres humains deviennent la force principale de changement sur Terre, surpassant les forces géophysiques. C'est l'âge des humains !

Nous vivons au-dessus de nos moyens. En France, notre budget annuel de carbone a été établi selon un calcul complexe équivalent à 12 mois de consommation carbone pour ne pas perturber le climat. Cependant, nous épuisons ce budget annuel en deux mois. De même, pour le budget de ressources naturelles, en six mois, nous épuisons le budget annuel, ce qui signifie que les six prochains mois, nous prélevons dans le stock INDISPONIBLE.

Pour instaurer une économie saine et durable, la clé est de rééquilibrer notre budget. C'est précisément là que réside le problème : comment choisir de ralentir plutôt que de subir l'effondrement ?

Au fond, comment garantir que le monde économique s'engage dans la bonne direction ? Le nouveau modèle économique doit être centré autour de l'éthique. C'est le « marketing du sans » : sans huile de palme, sans produits animaux...

Comment peut-on accepter que des entreprises reçoivent des prix environnementaux sous prétexte qu'elles polluent moins qu'auparavant, alors qu'elles polluent toujours ?

Si je comparais cela à un procès pour vol et que je promettais de voler 10% de moins à l'avenir, je ne suis pas sûr que le juge serait satisfait.

C'est aberrant ! Et pourtant, c'est la réalité.

Assurer sa propre subsistance

Face à ces menaces, de nombreux citoyens réagissent, manifestent, désobéissent, mais changent également leurs comportements en tant que consommateurs. La consommation de produits bio explose, le nombre de végétariens et de végans augmente, les pratiques « zéro déchet » et le « do it yourself » traduisent une volonté de réduire la voilure de la surconsommation.

« La mode, c'est ce qui se démode » affirmait Jean Cocteau.

Il n'y a pas qu'en matière de vêtements, de décoration, ou de cuisine que la mode impose ses diktats ! Le jardin fait lui aussi partie des univers fortement influencés par les modes, les « tendances ». L'horticulture est une nouvelle tendance très forte.

L'art de cultiver son jardin réduit les frais d'achats de produits alimentaires et de déplacement. Les familles plantent des récoltes dans leurs jardins s'ils en ont, autour de leurs clôtures, pouvant échanger des produits sur la base de leurs besoins. Elles se préoccupent de leurs voisins, ce qui augmente l'empathie et crée de bonnes relations au sein de la communauté.

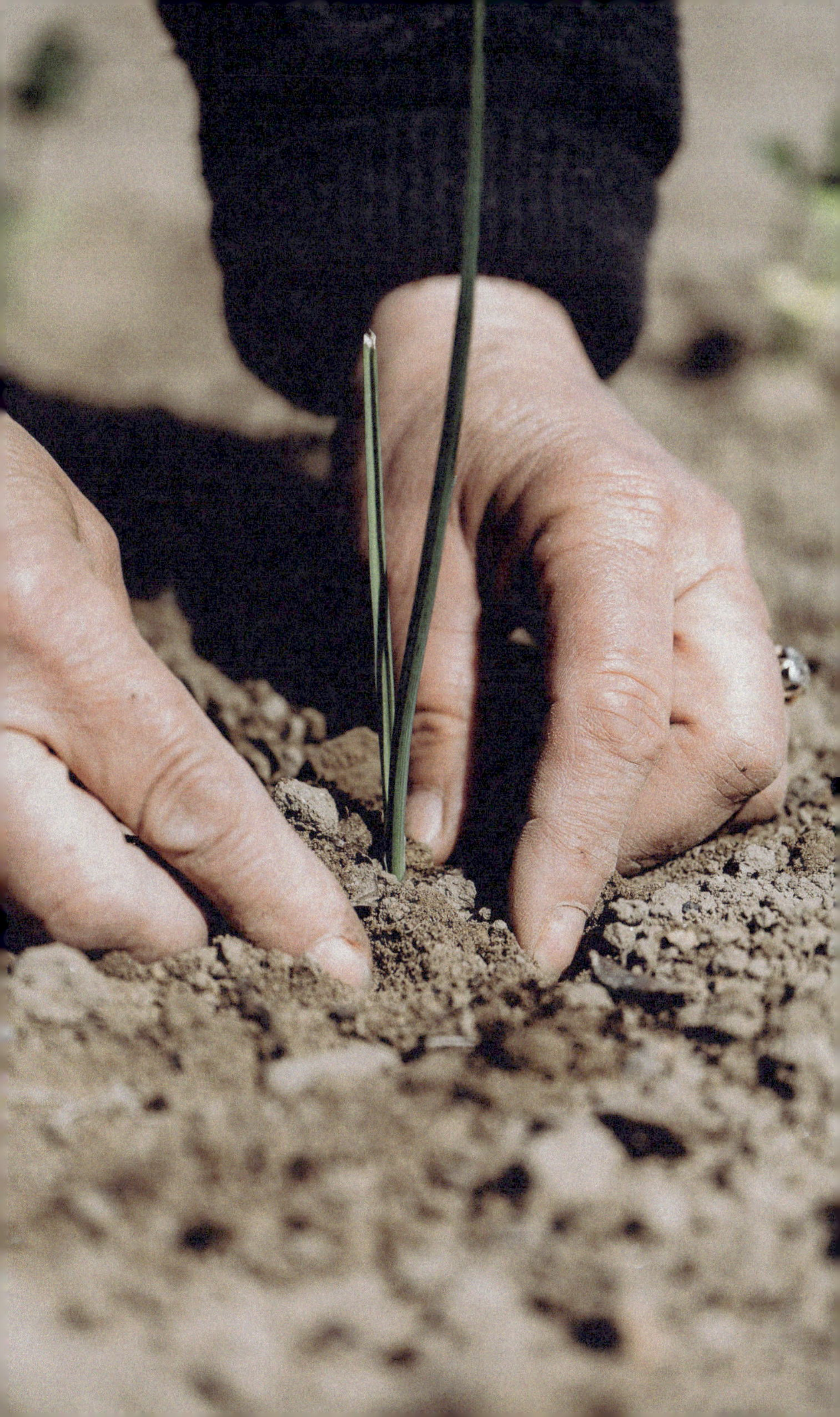

Relocaliser

Premièrement, en relocalisant une partie de notre alimentation et de notre approvisionnement énergétique. Chaque territoire devrait être en mesure de garantir une part significative de la production alimentaire de ses habitants et d'assurer au moins une partie de l'énergie que nous consommons localement.

Il est crucial de renforcer l'indépendance énergétique des pays et des territoires en favorisant l'utilisation d'énergies renouvelables. Actuellement, nous dépendons fortement de l'approvisionnement en pétrole, gaz, charbon, uranium et métaux rares (pour les technologies numériques, solaires et éoliennes) pour assurer le bon fonctionnement énergétique de nos sociétés. Être capable d'assurer localement une partie de l'énergie que nous consommons sera probablement vital en cas de défaillance des réseaux.

De plus, relocaliser une partie de notre économie est essentiel. Il serait imprudent d'abandonner des secteurs cruciaux de nos économies, indispensables à notre vie quotidienne, aux logiques de marché et aux entreprises multinationales dont nous ne pouvons pas contrôler les choix.

Nous avons besoin d'une multitude d'entrepreneurs locaux et indépendants, d'agriculteurs, d'artisans et de PME répondant aux besoins essentiels de chaque territoire. Une économie locale diversifiée crée davantage d'emplois et répartit plus équitablement les richesses.

La recherche du prix le plus bas constitue le principal problème de la société. La mondialisation repose sur l'obsession d'obtenir toujours le prix le plus bas.

C'est sous cette pression et dans ces conditions que l'argent finit par quitter l'économie locale, forçant les petites entreprises à fermer et entraînant la disparition des communautés, non pas en raison de l'attraction des grandes villes, mais parce qu'il ne reste plus rien dans les villages.

Un quart de notre empreinte carbone est attribuable à l'alimentation. Opter pour une alimentation biologique, locale et de saison permet d'économiser 80 kg de CO_2 par personne et par an. C'est un geste bénéfique pour le climat et pour une alimentation plus saine.

Bien que les supermarchés offrent une variété de produits alimentaires à des prix attractifs, il est important de noter que le « bon marché » dissimule des coûts démesurés pour la société, la santé et l'environnement.

Aller un peu plus loin

Une eau gratuite pour tous

L'eau, un bien commun, mais comment rendre cela possible dans les grandes villes ?

L'installation de citernes d'eau de pluie constitue une solution. Malgré la densification continue des centres urbains, les zones urbaines sont particulièrement vulnérables aux risques d'inondation en raison de l'imperméabilisation des sols, qui entrave l'infiltration des eaux de pluie et menace les nappes phréatiques de contaminations aux pesticides.

Lors d'orages ou de périodes pluvieuses prolongées, l'eau — qui s'accumule sur les toits, les trottoirs et les rues — peine à être gérée par les égouts. Une technique consiste à ralentir le cheminement de l'eau pour retarder son arrivée dans les égouts, et les citernes d'eau de pluie peuvent jouer ce rôle.

Ces citernes offrent également de nombreux autres avantages. Elles permettent de profiter d'une source d'eau gratuite pour arroser les jardins, réduisant ainsi la pression sur les ressources en eau pendant les périodes de sécheresse estivale. De plus, elles peuvent être utilisées pour alimenter les toilettes, représentant environ un tiers de la consommation d'eau à domicile.

Un vélo gratuit pour tous

La bicyclette pourrait être considérée comme un bien commun, accessible gratuitement à tous, notamment aux enfants. Elle serait recyclable et échangeable à volonté. Ce droit humain permettrait à chacun d'explorer ses capacités et de se transporter. En imaginant l'impact positif, si tout le monde disposait d'une bicyclette, cela responsabiliserait l'ensemble de la population, y compris les automobilistes.

Bien que le concept de vélo partagé se développe dans le monde entier, des bicyclettes gratuites pour les enfants à chaque coin de rue rendraient toutes les populations responsables.

Transformer la première matière humaine en ressource

Il existe un vieux cauchemar, cruel, humiliant et ennuyeux : le pipi caca. Bien que ce geste commun à toute l'humanité puisse susciter le sourire ou la répulsion, l'accès aux toilettes demeure un luxe pour environ 2,5 milliards d'êtres humains, révélant ainsi les inégalités de la société mondiale.

Chaque jour, un être humain produit un litre d'urine et 200g de matière fécale, totalisant 3 000 milliards de litres et 600 milliards de kilos pour l'humanité en 2023. Il est grand temps de limiter les maladies en créant des toilettes pour tous et en valorisant cette ressource. Il n'est pas nécessaire de regarder du côté de l'Inde ou de la Chine, car ces deux pays investissent des milliards dans l'équipement en latrines.

Rappelons que 50% des cas de malnutrition sont liés à des maladies hydriques. Le défi lié au « pipi caca » est un scandale majeur en termes de santé publique, un vecteur important de pollution environnementale, un frein au développement économique et une atteinte à la dignité humaine à grande échelle, il devrait être la priorité absolue.

Inventer un autre monde

Nous redécouvrons de manière fracassante que nous faisons pleinement partie d'un écosystème plus vaste, sur lequel l'économie et la technologie n'ont pas toujours d'emprise. C'est probablement sur cette base que nous devons construire, et il existe un vide significatif à combler.

Comment construire des sociétés qui considèrent les êtres vivants sur la planète comme des sujets plutôt que des objets ? Comment répartir les richesses de manière à assurer à chacun une vie digne et épanouissante ? Comment limiter notre prélèvement de ressources naturelles à leur capacité de renouvellement ?

Pendant des années, des milliers de personnes ont expérimenté des idées telles que la permaculture, le revenu universel, les villes zéro déchet, l'économie symbiotique, l'inscription des droits pour la nature, le biomimétisme, de nouveaux indicateurs remplaçant le PIB par la santé des enfants, la démocratie délibérative, les entreprises libérées...

Nos démocraties en danger

Il est impossible de ne pas voir que la structure même des institutions démocratiques est en train de se fissurer dans de nombreux pays, en particulier aux États-Unis. Donald Trump a nommé des magistrats déterminés à revenir sur les acquis démocratiques des soixante dernières années, notamment en ce qui concerne l'avortement.

Le phénomène selon lequel chacun pense davantage à son pouvoir d'achat sans se soucier du voisin est observable, et ceux qui se sentent le moins en sécurité sont également plus enclins à adopter des opinions politiques extrêmes.

Ce phénomène s'accentue, en particulier depuis la pandémie de COVID-19, et nous sommes témoins du double paradoxe associé à l'insécurité et à la polarisation.

Actuellement, l'insécurité et la polarisation entravent la solidarité et l'action collective, nécessaires pour faire face aux changements climatiques et aux incertitudes politiques mondiales. Plus que jamais, nous avons besoin d'espaces démocratiques pour échanger et délibérer. Internet et les réseaux sociaux sont indispensables pour des transformations structurelles et pas seulement culturelles.

Exaspération

Les peuples ne comprennent plus comment, après avoir été bercés de promesses de bien-être, de croissance et de progrès social, ils se retrouvent soudainement confrontés à des raretés, des catastrophes naturelles, des pannes d'ascenseur social, se traduisant par de l'inflation et du pessimisme, sans que le pouvoir politique semble capable d'y remédier. Les manifestations dans les rues expriment la colère, et les grèves se propagent, mettant gravement en danger nos démocraties.

On confie aux politiques du moment la gestion de cette réalité qu'on ne veut pas voir, ce qu'ils font avec plaisir, dans leur intérêt immédiat, sans se soucier des générations futures, de peur de se faire accuser par leurs peuples de leur demander des efforts.

Comment faire la différence entre les «vraies» et les « fausses » urgences, les « bonnes » et les « mauvaises » ? Au nom de quelles valeurs ?

La politique ne consiste pas à réinventer le monde, mais à avoir la lucidité constamment renouvelée de traiter chaque situation avec la meilleure combinaison de moyens et la meilleure priorisation.

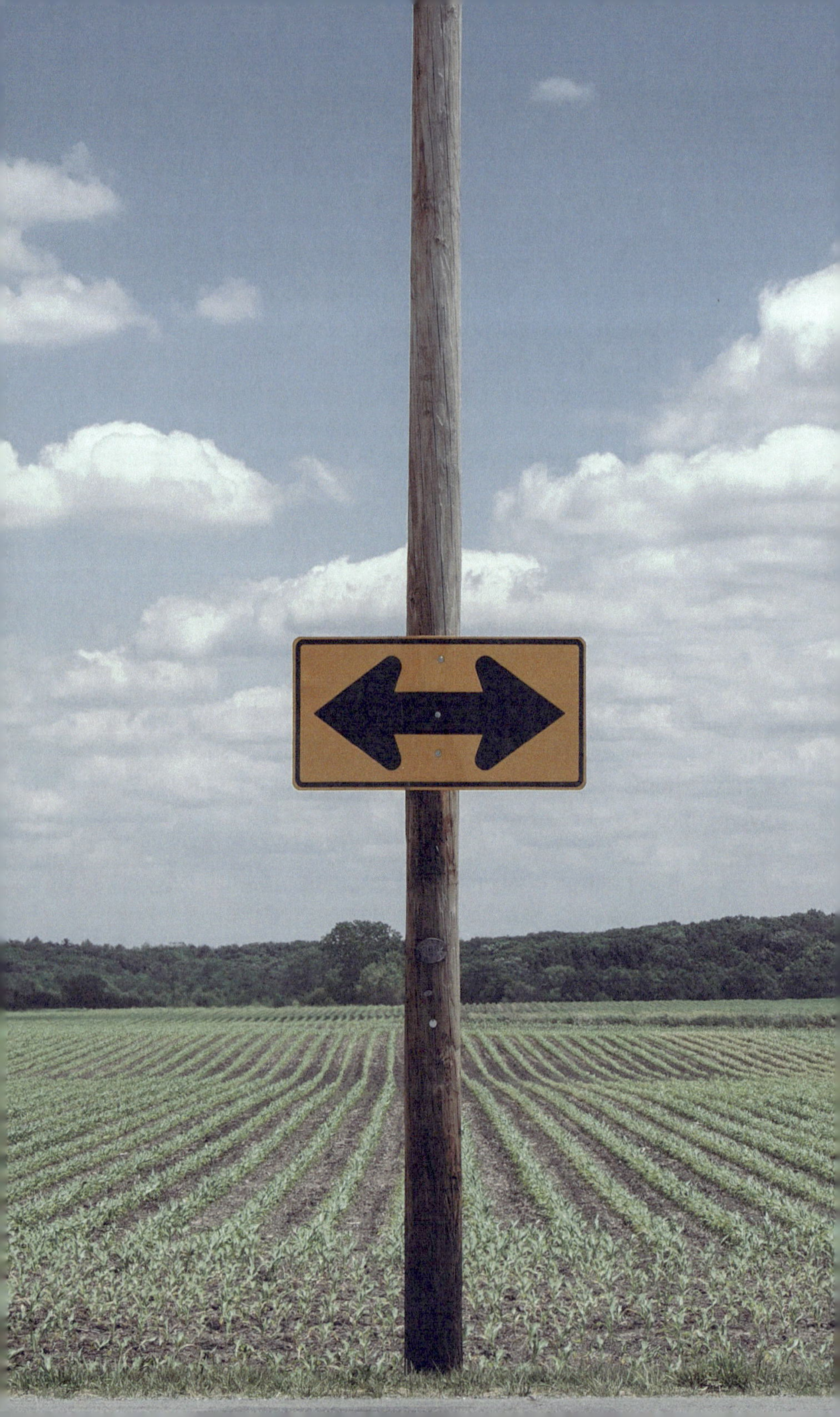

« Si l'on n'a pas une bonne démocratie,

il y a une mauvaise légitimité des décisions et quand la croissance diminue,

les risques de remise en cause de la solidarité sont considérables. »

- Erik Orsenna

S'extraire de la cacophonie ambiante

Acheter bio demain matin ne préservera pas la biodiversité de nos sols. Cependant, un compromis doit être trouvé. Vous souhaitez manger bio, alors vous achetez une huile bio, et c'est là que surgit le scandale de l'huile de palme en Indonésie. Se voiler la face en cherchant un compromis revient à trouver des solutions durables plutôt qu'à substituer un produit à un autre sous prétexte qu'il est plus sain, mais qui s'avère à terme encore plus destructeur.

Le palmier à huile est en effet la plante oléagineuse offrant le rendement d'huile végétale le plus élevé par hectare. On le retrouve dans les cuisines d'Afrique et d'Asie, mais aussi dans l'industrie agroalimentaire, les agrocarburants ou les produits de beauté. Malgré sa production peu coûteuse, l'huile de palme n'est pas un produit miracle, car sa production à grande échelle nécessite la déforestation de vastes parcelles des forêts tropicales d'Indonésie et de Malaisie, mettant en péril les espèces animales et végétales locales, notamment l'orang-outan.

Parle à ma main

Enfin, si comme moi, vous partagez cette exaspération des gens la tête penchée, rivés sur leur téléphone au milieu d'un musée, en train de faire un selfie devant le tableau et ne plus admirer le tableau lui-même, de ne plus apprécier un moment, un concert, le paysage uniquement à travers leurs téléphones. Vous constatez des couples au restaurant, des jeunes dans la rue, des enfants, tous accros aux écrans, qui ne se parlent plus…

Demain : on abandonnera notre téléphone et notre main deviendra notre nouvel écran.

Le « Humane AI PIN", la nouvelle révolution ! Cette "broche" qui répond à votre voix et à votre gestuelle, veut transformer notre relation avec la nouvelle technologie et surtout notre interaction avec les gens.

Un gadget censé nous libérer de nos addictions aux écrans, un gadget rempli d'intelligence artificielle, censé nous faciliter encore plus la vie à défaut de notre libre arbitre, disponible dès 2024.

Demain : c'est notre cerveau qui sera l'objet de toutes les convoitises, ultime espace privé et protégé. On essaye déjà d'étudier les émotions des enfants en Chine ou de contrôler vos assiettes et vos calories en fonction d'où vous mangez, avec qui, et donc en parfait lien avec votre vie réelle.

> **« Fabriquer son dentifrice dans son coin ne réduira pas la quantité de plastique présente dans les océans. »**
> **- Roxane Grioche-Baum**

Conclusion

Subtile et difficile à exprimer ! Je conclurai en toute sincérité : on sait si un vélo a de bons freins en l'essayant ! Alors, est-il nécessaire de faire ce test sur une pente très raide ?

Vous m'avez compris... ?

À tout pouvoir, contre-pouvoir. À toute certitude, sa part de doute et de respect.

Même s'il faut se forcer à sourire, on a cette sensation tout à fait horrible que cette crise, cette course climatique va à toute allure et quand on tire sur les freins, rien ne marche ! Catastrophe... et très effrayant.

Ma solution reste la même : expliquer, être honnête, tracer des perspectives économiques selon l'économie de la vie, dont la croissance ne suppose pas un gaspillage croissant de ressources naturelles. Et faire les bons choix, car choisir c'est s'épanouir.

« The process is more important than the result. »

« La connaissance s'acquiert par l'expérience, tout le reste n'est que de l'information. »

- Albert Einstein

Remerciements

Tout d'abord, j'aimerais vous remercier, vous, d'avoir choisi ce livre et de parcourir le chemin avec moi, partageant ou non mes idées. Merci de tout mon cœur.

À ma fille, ma première lectrice, la beauté de ma vie, mon soutien sans faille par son enthousiasme et son objectivité. À mon fils, mon cœur, mon bonheur, qui a peut-être presque fini de lire « La Planète Promise » ! Tous les deux n'ont jamais douté et sont pressés d'avoir celui-ci entre les mains.

Merci à Tucker, un chaton incroyable, qui s'impatiente de ce nouveau « book ».

Je me suis remise en question plusieurs fois au cours de mon écriture, me demandant si je faisais bien, si j'avais le comportement adéquat, de ne pas me poser en arbitre ou en juge, tentant d'éclairer l'avenir avec quelques doutes sur cette nouvelle philosophie : « Il est plus tard que vous ne le pensez ».

Et puis, je me suis rappelée ce qu'on m'a dit à propos de « La Planète Promise », mon premier livre : « Ce livre est une bulle d'oxygène et de légèreté. » Seulement voilà, je suis un peu plus dans la gravité, ici, car mon enthousiasme et ma légèreté ont été assombris par les conflits ambiants, les catastrophes climatiques, les sécheresses, les canicules, les inondations, des politiques abominables...

Jusqu'à ce qu'une anonyme américaine m'envoie ce petit mot bouleversant : « Une lecture absolument essentielle pour quiconque garde encore l'espoir que l'humanité puisse se sauver du naufrage qu'elle a fait de ce beau monde. D'abord, tu pleures, puis tu agis ! »

Jeff, l'amour de ma vie, a lu ce commentaire et, impressionné, m'a ensuite demandé : « Ton nouveau livre portera sur quoi ? » J'ai alors répondu : « Sur des actions ludiques et un coup de poing pour interpeller les citoyen-nes sur les conditions de vie futures! » Son sourire m'a convaincue que j'allais dans le bon sens.

Alors, plus pugnace, j'ai affûté ma plume pour interpeller sur cette société plus polarisée, en mode survie, décrivant des actions qui font rire et réfléchir. Mais cette plume n'est jamais si vivante sans le talent de Valentine, qui est la réalisatrice de chaque page de ce livre.

Depuis le Jour 1, sans elle, cet ouvrage n'existerait pas ; elle est ma locomotive et ma boussole émotionnelle, et un certain T. se rend-il compte de la chance qu'il a de pouvoir passer le reste de sa vie aux côtés de cette merveille ?

Ce nouveau livre est fait pour des gens comme vous, pour plus de liberté, plus de dignité, plus de respect. Je voudrais donc remercier tous mes amis et ma famille qui me soutiennent depuis toujours et qui m'encouragent à chaque page de cette aventure. Enfin, je voudrais finir sur un autre message reçu qui me garde éveillée: « Voici un guide accessible et plein d'espoir sur un sujet qui par ailleurs est terriblement effrayant. »

Merci.

Crédits photos

P. 8	Josh Sorenson
P. 11	Larissa Farber
P. 13	Sergio Souza
P. 15	Markus Spiske
P. 17	Michael Block
P. 20	Act For Your Planet
P. 24	Kazi Omar Sany
P. 26	Markus Spiske
P. 33	Nadi Lindsay
P. 35	Skitterphoto
P. 41	Felix Mittermeier
P. 45	Vlada Karpovich
P. 46	ONU, 1972, Stockholm
P. 49	Pavel Danilyuk
P. 51	Kaique Rocha
P. 52	Ron Lach
P. 55	Karolina Grabowska
P. 58	Karolina Grabowska
P. 61	Luca Nardone
P. 69	Shadab
P. 70	ArtHouse Studio
P. 73	Clam Lo
P. 77	Allan Mas
P. 82	Anna Shvets
P. 85	Karolina Grabowska
P. 92	Josh Sorenson
P. 95	Pixabay

SOMMAIRE

INTRODUCTION — P. 9

PROLOGUE — P. 16

I. L'ART DU COMPROMIS — P. 27

Le compromis : définition — P. 28
Arrêtons de fantasmer — P. 32
Culpabilité et responsabilité — P. 36
Le vote des peuples — P. 38
Zéro net - Net zero — P. 42
Sur fond d'hypocrisie — P. 44
La prise de conscience a débuté il y a longtemps — P. 46
Les solutions dans les grandes lignes — P. 48
Une énergie moins carbonnée — P. 50

II. LE BONHEUR OU L'ARGENT — P. 53

Riche et malheureux — P. 54
Donnez-moi quelques indices — P. 56
Négocier les valeurs — P. 60
Tout devient « cheap » — P. 62
Le pire est à venir — P. 63
We are the world — P. 66
Faire vœux de richesse — P. 68

III. NE PLUS SE SENTIR SEUL   **P. 71**

Reconnaissance	P. 72
Série d'actions dans les musées	P. 73
Place à l'action	P. 74
À prendre ou à laisser	P. 75
Focalisez-vous sur ce que vous avez et maximisez-le	p. 76
S'habituer au moins, c'est mieux	P. 78
Il n'y a pas de conscience innée des consommateurs	P. 80
Covid temporaire	P. 82
L'ère de la sobriété	P. 83
Assurer sa propre subsistance	P. 84
Relocaliser	P. 86
Aller un peu plus loin	P. 88
Inventer un autre monde	P. 90
S'extraire de la cacophonie ambiante	P. 94

CONCLUSION   **P. 96**

REMERCIEMENTS   **P. 98**

CRÉDITS PHOTOS   **P. 101**

Made in the USA
Columbia, SC
27 September 2024